人類史上初めて明かされた
神の国に入る方法
Ⅲ

梶原和義

JDC

はじめに

天然が自然になって現われています。天然は霊です。それが自然という形になっている。景色の本質は霊です。聖書はこれを神の国と言っています。

天然の本質が自然になって現われている。この状態を神の国と言います。人間の命がそうなっていますから、そのように生きればいいのです。無形の天然が有形の自然になっている。これがイエスがいう神の国です。

イエスは神の国を見せるために生活したのです。それは難しいことではない。天然という無形のものを自然という形で現わした。神の国を現わしたのです。神の国を現わしただけではなくて、彼が生きている姿、彼の命が神の国だったのです。それにイエスは生きたのです。神の国に生きたのです。

皆様が生きているのも神の国です。鼻から息を出し入れしているのが神の国です。それをそのまま生きればいいのです。

「神の国は近づいた。悔い改めて福音を信ぜよ」とは（マルコによる福音書1・15）、このことを言っているのです。この世に生まれた時の命のままで生活しなさいと言っているのです。

人間はこの世に生まれてから、親の教育、学校の教育、社会の教育によって、自我意識をしっかり植えつけられ、物心をしっかり持たされたので、生まれた時の命をすっかり忘れてしまっているのです。

この世に生まれたままの命で生活するためには、人間の世界観、人生観、自分の都合、自分の思想があってはいけないのです。

人間にはそれぞれ事情境遇がありますが、自分の都合でできるのです。なるべくそれを造らないようにすることです。これが悔い改めるということです。

悔い改めて福音を信じるというのは、生まれながらの気持ちで生きることです。天然自然に生きるのです。だから信仰は難しくないのです。そうすると死ななくなるのです。これが大きいのです。

天然が自然になっている状態を会得して、自分の人生観の基本にするのです。そうすると死なないのです。これは大変なことです。死を乗り越えることができるからです。

皆様がこの世に生まれてきたことが、天然が自然になったことです。これをそのまま生きればいいのです。仏教はそれをそのまま生きることを教えません。命をそのまま見ることができないからです。釈尊は何とかできましたが、日本の仏教は皆だめです。人間が造った宗教になっているからです。

日蓮宗は大宗教になり、政党を造っています。政治運動をしていますが、釈尊本来の悟りからひどくはずれています。それをいくら信じてもやはり死んでいくのです。

私たちは死なない生き方を勉強する必要があるのです。

キリスト教のような信仰もだめです。自分が熱心に信じているだけです。天然が自然になったことが、信仰にならなかったらいけないのです。神の国と神の義を求めよとは、これを言っているのです。

人間ができたのは前世ですし、女性が造られたのも前世です。前世で造られた女性を、現世の感覚で見れば、地獄へ行きます。死んでしまうのです。前世の女性を前世の感覚で見れば、死ななくなるのです。

「時は満ちた。神の国は近づいた。悔い改めて福音を信ぜよ」とイエスが言っています（マルコによる福音書1・15）。

時は満ちたというのは、人間が自分自身の思想で生きる時は終わったという意味です。人間が自分自身の世界観で生きる時は終わったのです。

神の国とは何か。雪が降ることが神の国です。花が咲くことが神の国です。雪が降っているというあり方、太陽が輝いているというあり方の中へ入るのです。これが神の国へ入るということです。

人間がこの世に生まれたのは、命のあり方を肉体的に経験して、命のあり方のように生きるためです。仕事をすることが目的ではありません。家庭を造ることが目的ではありません。商売をすることが目的でもないのです。

生かされている状態をそのまま生きるのです。生かされているというのは、前世のことです。

それをそのまま現世で生きるのです。

ところが、現世で生きている人間は、現世の感覚で生きている。こういう人は全部地獄へ行くことになるのです。

人間が生まれてきたのは、この世で生きるためではなくて、神の国に生きるためです。花が咲く。雪が降る。雨が降る。風が吹く。自然現象は命がそのまま現われているのです。これをそのまま見ることが信仰です。

生きることを卒業しない状態で死んではいけないのです。生きることを卒業しないで死んでいくことは、死ぬのではなくて殺されるのです。死にたくないのに死んでいくのは、殺されるのです。

自由律俳人と言われた山頭火の生き方は自主独往であって、自分で勝手に生きていたのです。自分で勝手に生きているというのは、神の国に生きていたのではありません。

神の国に生きるというのは、大自然の命を命として認めて、その命の中へ入って行くことです。その命に同化してしまうことを神の国に入るというのです。

大自然は神の国です。その中へ入って行くのです。山頭火はいつも孤独でした。孤独でいたらだめです。自然の中へ入って行かなかったらいけないのです。

イエスは、「まず神の国と神の義を求めなさい」と言っています（マタイによる福音書6・33）。これは何かと言いますと、神の義が神の国を造っているのです。神の義が雨や雪を降らしているのです。神の義が万物を造っているのです。

神の義という形で神の国を見ているのです。大自然も、女性も、自分の命も、生活的欲望も、神の義から見るのです。そうすると、欲が欲でなくなってしまうのです。欲が自然に還元されてしまうのです。

人間の欲の本質は神の国から来ています。人間が本来あるべき姿は天然現象です。それを人間は欲にしてしまったのです。食と性は生命に係わる自然現象であって、欲ではありません。これは前世でできたものであって、欲ではないのです。

人間の命は前世でできたのです。命と同じものが自然現象であって、性と食は欲ではありません。それを欲と考えるのは、現世の常識で見ているからです。

現世の常識は肉です。肉で見るからいけないのです。神の国に入って見ればいいのです。

雪が降っている状態で、食や性を見ればいいのです。現世に生まれてきたことをよく考えて、生まれてきたことの本質に合致するような命の見方を探さなければいけないのです。

人間は生まれてきたことの本性に合致するような命の見方を、探さなければいけないのです。命の見方さえ正しければ死なないのです。見方が間違っているから死ぬのです。命を真っ直ぐに見ることさえできれば、死なないのです。死なないのです。これをとこしえの命というのです。自分の意見さえ捨てたらいいのです。

聖書を少し深く読んでいきますと、自分が分かっていないことがすぐに分かります。分かっていないということは、常日頃は命のことを考えていないということです。ただ常識的に生きている。ただ生きているだけでは必ず死んでしまいます。

死なないように生きることを思考するのです。そういう生き方を、絶えずするような気持ちを持っていなければいけないのです。死なないように生きるという思想がいるのです。

大体、人間は死ぬべきものではありません。命は死なないものです。死なないのが命です。死ぬものは命とは言いません。

大人は死ななければならないと勝手に思っているのです。人間は大人になって死んでいく。それに対して不思議とも何とも思わない。そのくせ死ぬのは嫌だと思っている。死ぬのは嫌だと言いながら、死ぬのは仕方がないと言って、皆死んでいく。大人は皆大馬鹿者かと言いたいのです。

死にたいのに死んでいくのなら仕方がない。死にたくないのに死んでいくのです。なぜこういうおかしなことになっているのか。死にたくないと思っているのは、一人や二人ではない。万人が死にたくないと思っている。万人が死にたくないと思うのは、死ななくてもよい方法があるに決まっているのです。何かを考えて実行するか、念願するか、思考すれば死ななくてもよい方法が見つかるに決まっています。見つからなければならないはずです。

命というのは死なないことであって、死ぬのは命とは言わないのです。ところが、世間の大人は皆死んでいくのです。世間の大人は大馬鹿です。不正直です。

方法が全くないというのなら仕方がない。方法があるに決まっているのです。現に死にたくないと思っているのですから、死ななくてもいいことを本人は知っているはずです。死ななくてもいいということを直感的に知っているから、死にたくないと思うのです。死ななくてもいいと思うことを直感しなければ、死にたくないと思うはずがないのです。

お寿司が食べたいと思うのは、お寿司が食べられる方法があるから食べたいと思うのです。お寿司を全く食べたことのないアフリカの人は、食べたいと思わないでしょう。かつて空を飛んでみたいと思った人がいましたが、その可能性があるから飛びたいと思えたのです。現在では飛行機で空を飛ぶことを、皆当たり前のことと考えているのです。

死にたくないと思います。これも一人や二人ではない。全世界で何十億人もの人が願っているのです。何十億人も願っていることは、必ず死なない方法があるに決まっています。万人に死にたくないという願いがある以上、死ななくてもよい命があるに決まっているのです。

死なない命はあるに決まっている。世間の大人はそれを考えないで死んでいくのです。全く大馬鹿者と言いたいのです。

中には死ぬことぐらい恐くないという馬鹿な人がいます。死んだことがない人が、何を言うかと言いたいのです。

死にたくないという願いが人間にあることは、非常に崇高な願いです。人間は命の本性、本質を直感的に掴まえているのです。命は死なないものであるに違いないという本質を、人間は知っているのです。だから死にたくないという願いがあるのです。その願いがある以上、その本体をどうしても掴まえなければならないのです。

死にたくないという願いがある以上、死ななくてもよい方法があるに決まっているのです。それを掴まえなければならないのです。掴まえずに死んだら、皆様は自分に対して不正直になるのです。

まず死にたくないという願いをはっきり持つのです。死にたくないということを、自分ではっきり自覚するのです。そういう自覚を持つことができる以上、死ななくてもよい方法があるに決まっているのです。

ただ命に対する見方が不完全です。生命に対する見方が不完全です。だから死ななければばならないことになるのです。

自分が生きているという気持ちを捨てたらいいのです。自分自身を見ているから死ぬのです。自分を捨ててしまうのです。自分を捨ててしまって、命を見るのです。自分の気持ちで命を見ないで、命の本質を見るのです。

命の本質を掴まえないで、自分が生きているという常識で命を見ているからいけないのです。常識で命を見ているというのは馬鹿なことです。常識は現世に生きている間しか通用しません。

命はこの世を去ってからでも通用するのです。心臓が止まってからでも命はあるのです。

命の本質が分かっていれば、心臓が止まろうが、脳波の働きが止まろうが、命はあるのです。

死のうが生きようが関係ないのです。

ただ生命が肉体という次元で記憶させられているということなのです。肉体という次元で経験していることを、生命本来の次元に変えればいいのです。神の国と神の義を求めよとは、そのことを言っているのです。

まず神の国と神の義とを求めなさい。そうすればこれらのものは、すべて添えて与えられるであろう。この日本語は正確ではありません。あなた方はまず神の国と神の義を求めよと訳すべきです。英文にはあなた方は（ye）という言葉が入っているのです。

ユダヤ人はまず神の国と神の義を求めよと言っているのです。日本人は現世に生きている人間です。イエスは異邦人のことは全く問題にしていなかったのです。だから異邦人に向って、神の国と神の義を求めよと言っていないのです。あなた方ユダヤ人はまず神の国と神の義を求めなさい。まずというのは、何をさておいてもということです。ところが、ユダヤ人はこれを実行していません。実行していないから私が言わなければならないのです。

これは宗教ではありません。世界の人類と神との約束事です。神の約束の本物は世界のどこかにあるのです。

神の約束は皆様の目が見えることです。皆様の耳が聞こえることです。舌で味わうことです。神の約束を学ぶと、死にたくないという気持ちの本当の意味が分かってくるのです。なぜ死にたくないかが分かってくるのです。

自分が生きていると思うことが、一番悪いのです。自分が聖書の勉強をしている。これが悪いのです。

パウロは次のように言っています。

「というのは、外見上のユダヤ人がユダヤ人ではなく、また、外見上の肉における割礼が割礼でもない。かえって隠れたユダヤ人がユダヤ人であり、また、文字によらず霊による心の割礼こそ割礼であって、そのほまれは人からではなく、神から来るのである」（ローマ人への手紙2・28、29）。

パウロは霊のイスラエルがあるということを説明しています。これは新約時代の特長です。旧約時代にはこれがなかったのです。

肉を捨てて霊で見ることができる人は、霊のイスラエルです。霊で見ることがなかなかできないのです。

霊とは何か。生きている肉体人間ではありません。肉体的に生きているその状態を霊というのです。肉体的に生きているその状態が、神の国です。

肉体人間ではなく、肉体人間は固有名詞の人間ですが、生きている状態は神の国です。生きている状態を見ることができた人は、霊のイスラエルです。

瞬間、瞬間、心臓が動いている状態が魂の本質であって、これが自分です。これに気がついた人は、自分の命に気がついた人です。霊の思いは命であり、平安であるというのはこれを指すのです。

瞬間、瞬間に目を止めることができた人は、肉体的な命を乗り越えているのです。これが信仰です。

皆様は肉体的に現われているだけであって、肉体が人間の実体ではありません。従って、肉を脱ぎ捨てることは十分にできるのです。

ユダヤ人は文明によって生活を造ったのです。例えば、資本主義制度、社会主義制度、共産主義制度等の政治、経済の仕組み、銀行、為替制度、立憲制度、人権主義思想、交通通信手段、コンピューターによる情報管理システムと言った、人間が現世で生きていくための生活原理を造ったのはユダヤ人です。

フランス革命、アメリカ独立、国際連盟、国際連合もユダヤ人の仕事です。色々な制度や思想を造って人間を現世に釘付けにして、神の国を求めさせないようにしているのです。

イエスは「水と霊とから新しく生まれて神の国へ入れ」と言っています（ヨハネによる福音書3・5）。これは難しいようですが入れるのです。長い間聖書の勉強をしている人でも、神の国に入っている人はめったにいません。神の国に入っていると自覚している人はいないのです。神の国を知らないからです。

花が咲いているのは神の国です。雪が降っているのも神の国です。そこへ入るのです。

イエスは非常に易しいことを言っているのです。大工の青年ですから教学的な理屈は一切言いません。イエスは神を目の前に見ていたのです。イエスの前に神がいたのです。イエスの肩を叩き、おまえはこうしなさいと神は言っていたのです。

神と人との交わりはそういうものです。難しいものではないのです。皆様は毎日神の国に入っていますけれど、気がつかないのです。神を崇めていないからです。自分の生活で神を崇めていないことがいけないのです。

「天にいますわれらの父よ、御名が崇められますように」という言葉が（マタイによる福音書6・9）、実行されていないのです。そこでセックスが詐欺になってしまうのです。

味とは何かです。味は誰でも知っているものです。桜の花を見に行くのは、桜の美しさを見に行くのです。味の世界、形の世界、色の世界、美の世界、香りの世界が皆神の国です。人々はなぜおいしいものが食べたいのか。これが神の国だから食べたいと思うのです。

人類史上初めて明かされた神の国に入る方法Ⅲ／目次

はじめに　3

1．人間はなぜ死んだのか　18
2．肉の思いは死である　28
3．西暦紀元とは何か　35
4．偶像崇拝　45
5．悪魔を騙すために造られた現象世界　55
6．土から出た人間と天から出た人間　70
7．観自在菩薩　85
8．人生のカルマ　93
9．キリスト　107
10．明けの明星　125
11．般若波羅蜜多　151

12．上智　155
13．現世から神の国へ　159
14．本具の自性　173
15．ファウンデーション　196
16．顚倒夢想　211
17．ユダヤ人が回復すれば、地球上から犯罪、自然災害、一切の病気が消滅する　233
18．向こう岸　252
19．彼岸に渡る　280
20．生まれる前の自分を見つける　293
21．水と霊によって新しく生まれる　308
22．キングダム　323
23．神の国と神の義を求めよ　331
あとがき　338

人類史上初めて明かされた神の国に入る方法　III

梶原和義

1. 人間はなぜ死んだのか

現在の日本の社会では、本当の女性を教えてくれる人はいません。本当の女を自覚している女性も珍しいのです。

聖書にある女性と現世の女性とは違います。聖書にある女性は、「これこそ、ついにに私の骨の骨」と言われている女性です（創世記2・23）。これが現在では肉の肉になってしまっているのです。

肉の肉の女性は性欲の対象にはなりますが、恋愛の対象にはならないのです。本当の意味で恋愛ができる女性は、女性自身が女であることを認識する必要があるのです。

男性もまた、女性の見方を弁えて、永遠の命、命の本質に基づいて女性を見る。また、そういう気持ちで女性に見てもらう男性ではないと、本当の恋愛は分かりません。永遠の恋愛とはそれです。

恋愛は永遠のものです。人間が生きている間の恋愛は性の交渉であって、本当の恋愛と言えるものではありません。

小野小町は生きている間の恋愛が、嫌で嫌でたまらなかったらしいのです。それで彼女は逃げ回っていたのです。

原罪ということをよく調べていきますと分かることですが、現世の男性は根本的に神を見失っているのです。男は現世の中心的な人格です。現代文明が今日のように展開してきたのは男の功績によるのです。この世は男の世です。

この世の王を聖書は悪魔と言っています。この世の王が悪魔だとイエスも言っています。現世で威張っている男は、悪魔そっくりです。

現世にいる人間は死んでいく人間ばかりです。皆様は死んでいく人間のこと、また死んでいった人間のことはよくご存じですが、死なない人間のことはご存じないのです。

イエスは死なない命を経験していたのです。この人を勉強すると、本当の恋愛が分かるのです。本当の男性が分かれば、本当の女性が分かるのです。

女の人は本当の男性を見たいと思っています。また、本当の男性に見られたいと思っているでしょう。こういう男性はめったにいません。ですから、本当の恋、永遠の世界に通じる恋を経験している人は、ほとんどいないでしょう。しかし、そういう恋はなければならないのです。

この世に生きている人の恋愛はセックスのことを言っているのであって、本当の恋愛ではありません。死なない命に繋がるような恋愛、イエスが持っていた命の中にある恋愛を、掴まえなければいけないのです。

そのためには、人間観の不完全さをやめなければいけないのです。自分の見方の不完全さを持っているままでは、本当の恋愛は掴まえられません。世間並の恋はいくらでもあるでしょう。そんなものではしょうがないのです。

恋愛をして結婚する。喧嘩をして離婚する。そんなものは本当の恋愛ではないのです。人間の考えは皆五蘊ばかりです。肉の思いで生活していますから、肉の思いで恋愛しています。こんなものは恋愛とは言えないのです。

現在のキリスト教は、エデンの園が全く分かっていません。もし本当に分かったら、カトリックという教派が成立しなくなるのです。プロテスタントも同様です。

皆様の人生観が根本的に矛盾しています。根本的に矛盾したままの状態で、エデンの園のことを考えても、命の実体として認識することができないでしょう。

皆様が現在生きている生活は、昨日のことを考えなければ、今日の生活は成り立たないのです。昨日のこと、一昨日のことを無意識に知っています。だから今日の生活が成り立つのです。

今日の生活をしながら、明日のこと、明後日のことを考えるに決まっています。そのように、今日の生活が成立するためには、まず昨日のこと、一年前、十年前を踏まえて考えているのです。

過去、現在、未来という時間的配分を認識していなければ、人間生活の根本原理が成立しないのです。これをまず知って頂きたいのです。

これと同じ原理が皆様の生活において考えられていない。現世の生活を考える場合に、前世を考えない。これがいけないのです。

皆様がこの世に生まれてくるためには、生まれてくる原因がなければならないのです。生まれてくるまでの命がなければ、今日の命があるはずがないのです。

原因がなければ結果はない。現在の命を考える場合に、生まれる前の命を考えたのでしょうか。

宗教では絶対に分かりません。前世という言葉くらいはありますが、正しい意味で使われていないのです。具体的な意味で人間の前世があるとすれば、それはどのようなものであったのか。それがキリスト教では全然分からないのです。

創世記が分からない。エデンの園が分からないのです。聖書に次のようにあります。

「主なる神は土のちりで人を造り、命の息をその鼻に吹き入れられた」(創世記2・7)。

「主なる神は言われた、『見よ、人はわれわれの一人のようになり、善悪を知るものとなった。彼は手を伸べ、命の木から取って食べ、永久に生きるかもしれない』。そこで主なる神はエデンの園から追い出して、人が造られたその土を耕させられた。

神は人を追い出し、エデンの園の東に、ケルビムと回る炎の剣を置いて、命の木の道を守らせられた」(同3・22〜24)。

人間が土で造られたとは書いていません。創世記の二章七節では、土のちりで人を造ったと書いています。造られた土を耕さなければならなくなったのです。これが現世の人間の運命です。

創世記の一章、二章を見ても、人間が土で造られたとは書いていません。二章の十七節では、土で造った鳥や獣を連れてきたと書いています。人間が土で造られたとは全然書いていません。キリスト教が間違っているのは、神学校へ行って勉強して資格を取ることです。こんな人に聖書が分かるはずがないのです。

神学校で教えるのは、キリスト教の教義であって、聖書の命ではないのです。神学校では神の言葉を正しく取り扱っていないのです。教義を学んだ者が免状をもらって牧師になっている。こんな人が神の命が分かるはずがないのです。

苦しんで苦しんで、死ぬほど苦しんで、御霊と相撲をとって、本当に神の言葉が開かれた人間でなければ、人を教えてはいけないのです。神学校という制度がキリスト教を腐らせているのです。

ルネッサンス以降の文明には、本当の真理はありません。概念ばかりです。宗教も学問も概念ばかりです。真実は一つもないのです。

般若波羅蜜多の彼岸は、ルネッサンス以降は一つもありません。聖書は彼岸ばかりを書いています。神の国へ入れとばかり言っているのです。

キリスト教では神の国は分かりません。神の国という言葉はありますが、その実体が分からないのです。美しい花を見てとても嬉しい気持ちがします。これは神の国を見ているのです。

イエスが「野のユリを見よ、空の鳥を見よ」と言っています。空の鳥が生きている姿の中に神の国があるのです。

人間は過去、現在、未来を区分して認識する性能を持っています。これを理性というのです。過去、現在、未来を認識しなければ命は分かりません。ところが、現世の人間は現世に生きていることは分かりますが、前世のことを知りません。エデンの園という前世が全然分かっていないのです。

人間が善悪の木の実を食べて、我々のようになったと神が言っています。我々というのは三位一体の神をさしますが、人間が三位一体の認識を持つに到ったというのです。

これはどういうことかと言いますと、善悪を考えることができるのは、神しかいないのです。神以外のものは善悪を考えてはいけないのです。神以外のものが善悪を考えると、必ず自分の都合のよいように考えるのです。そして死んでしまうのです。

人間は善悪の木の実を食べた結果、善悪を考えるようになったのです。これが死んだということです。神以外のものが神と同じように善悪を考えることが悪いのです。これは宇宙的な非違《ひい》です。非違とは間違ったこと、正当ではないことをいうのです。

かつて、日本の平安朝の時代に検非違使がいました。律令制下の令外官の一つで、非違（非法、違法）を検察する天皇の使者でした。

非違とはしてはならないこと、考えてはならないことです。人間が善悪を考えること自体が非違です。これを犯したのです。

非違を犯すことは死を意味するのです。どれが良いか、損か得かを考えたら、必然的に自我意識が発生するのです。

善悪の木の実を食べた結果、アダムとエバに自我意識が発生した。そうして、神から独立した人格を認めたのです。

神とは命そのものです。神から離れたとは命から離れたことです。神以外のものが独立した人格を認めることが、死を意味するのです。

キリスト教の人々は、自分が天国へ行きたいと思うから教会へ行くのです。自分が救われたいと思うから教会へ行くのです。自分が救われたいと思うから聖書を勉強するのです。

自分が救われたいと思うことは、自分の人格を自分が認めていることになるのです。これが間違っているのです。カルビンとルーテルが甚だしいイージーゴーイングなことを考えたのです。義人が信仰によって救われるという聖書の言葉を変えて、自我意識を持った自分が救われると言い出したのです。

義人とは自我意識の自分を持っていない人間のことです。ノアは義人でした。なぜならノアは神の意識で生きていたからです。神の命と同じ命で生きていた。ノアは神から離れて生きていたのではないのです。この状態を義人というのです。

キリスト教の人々は、義人という意味を全然知らないのです。義とせられるとは、神と同じように認められることです。アブラハムは神と同じように認められた。だから義とされたのです。

これは山上の垂訓でも言っています。「天の父が完全であるように、あなた方も完全でありなさい」と言っているのです（マタイによる福音書5・48）。神と同じように完全になることが義とせられるという意味であって、人間が義と認められるとは違うのです。この点をルーテルやカルビンはすり替えたのです。

キリスト教は見事に真理を宗教にすり替えてしまいました。カトリックもプロテスタントも根本的に間違っているのです。

皆様の人格が神の中に入ってしまうことを、義とされるというのです。天の父が完全であるように、あなた方も完全になれというのは、自分が消えてしまうことです。

アダムは善悪の木の実を食べて善悪を考えた時に、自我意識が発生した。神から離れた人格を持つようになったのです。これが陥罪です。

神から離れた人格を持っている人は、全部罪人です。固有名詞の自分がいると考えた人は、もう死んでいるのです。

神の内で、神の中で自分を見ることを、神の国に入るというのです。神の国に入って自分を見ることができなければだめです。神の国に入らないで神を信じたと言っても、それは宗教観念にすぎないのです。

前世が分からず、来世も分からない。現世だけを認識して生きている人の生き方は、根本的に不完全です。

時間を、過去、現在、未来に区分して認識していることが理性の本質ですが、これと同じことが皆様の霊魂にも要求されているのです。

アダムとエバが善悪を知りました。これによって神から離れて、自分が生きているという認識を持つようになりました。そこで、エデンに住んでいられなくなったのです。

エデンは前世です。皆様が現世に生まれたというのは、前世から追い出されたからです。この世に生まれたのは、前世から追い出されたからです。そこで肉の命を負わなければならなくなった。自分が生きているという変則的な命を持たなければならなくなったのです。

現世に生まれた人間は、全部死ななければならないのです。現世だけしか分からない人間は、全部死んでしまうように決まっているのです。

人間が天国へ行けると考えるのは、もっての外です。キリスト教の人々がいうことは全部間違っているのです。死んだら天国へ行けるというのは真っ赤な嘘です。

現世に生きている間に前世を見つけるのです。来世を掴まえるために、現世でどのように生きたらいいのかを、各自考えて頂きたいのです。

とにかく、どんな方法でもよろしいから、前世を見つけて頂きたいのです。

花が美しいというのは、皆様が前世で学んできたのです。女性に惚れるというのも、前世で認識していたからです。男女の問題は生まれる前に習っていたのです。

実は皆様は今、生まれる前のあり方に従って生きているのです。そして前世を今もう一度意識的に経験しているのです。

前世では神と命を無意識に経験していたのですが、それを現世でもう一度有意識的に経験しているのです。これが分かれば誰でも神の国に入れるのです。

2. 肉の思いは死である

新約聖書のローマ人への手紙に、「肉に従う者は肉のことを思い、霊に従う者は霊のことを思うからである。肉の思いは死であるが、霊の思いは命と平安とである」という言葉がありまず（8・5、6）。まずここから始めて頂きたいのです。

肉（人間の思い）に従いながら、聖書を学んでいてもだめです。現世に生きている肉体人間を自分であると考えながら、固有名詞の自分を信じ、宗教を信じている状態で聖書を勉強してもだめです。キリスト教はこういう間違いをしている。だから、聖書が全部宗教になってしまうのです。これは神の前には通用しないのです。

霊（大自然のあり方）に従って学ばなければだめです。ところが、霊に従って学ぶことがなかなかできないのです。

そこでまず般若心経によって五蘊皆空の原理を学ぶこと、色即是空の原理を学ぶことです。自分自身を空じることができるような柔和な気持ちを持たなければ、霊に従うことはできません。私が般若心経と聖書の両方を学びなさいというのはこういう意味なのです。

般若心経に従って、肉体的に生きている自分を解脱することです。これを承知しなければ聖書をいくら勉強しても、観念の遊戯になるだけです。色即是空をいくら理屈で知っていても、生活で実行できなければ無意味です。

キリスト教は般若心経を勉強していませんから、自分の肉の思いをどのように空じるのかが分からないのです。常識を持ったままで聖書の勉強をしているからだめなのです。まともな信仰には絶対にならないのです。キリスト教を五十年勉強しても、六十年勉強しても、まともな信仰になりません。これははっきり言えるのです。

そこで般若心経に基づいて、人間の常識、知識を捨ててしまうのです。これが五蘊皆空です。自分が肉体的に生きていることが、カルマであることをはっきり認めるのです。カルマを鵜呑みにした状態で神を信じようと考えてもだめです。

聖書はカルマと言わず、罪と言っています。「すべての人は罪を犯したため、神の栄光を受けられなくなった」と言っています（ローマ人への手紙3・23）。常識で生きているということが、罪を犯していることなのです。心にもないおべっかを言ったり、駆け引きをしたりする。そういうことをすることが罪なのです。人間が普通に生きていることが罪なのです。だから、神の栄光を自分自身の経験の中に取り入れることができないのです。

原罪という常識が皆様の頭にこびりついている以上、聖書を勉強しても空転するだけです。思想的に分かっても実質は分からないのです。本当の信仰にはならないし、命になりません。

肉の思いというのは肉体的に生きている自分を認めることです。霊に従って生きようと思えば、肉体的に生きている自分を認めないことです。例えば、今まで甘いものが好きだった人でも、その自分と別れてしまうのです。男性の性欲と別れてしまうのです。

今までの皆様は死ぬに決まっています。聖書の勉強ができないくらいに肉の思いは強いのです。魂が腐っています。文明も腐っています。こんな人間の意識状態では、聖書が信じられるはずがないのです。

肉の思いは死です。肉体的に生きている自分を認めるという思想を持ったままで聖書を信じますと、永遠の命は分かりません。肉体的に生きているという考えは騙されている考え方です。だから、肉体的に生きているという自分の気持ちが、騙されているということに気づけばいいのです。

砂糖をなめて甘いと感じる。それは肉の思いとは違うのです。霊の思いです。甘いという感覚は霊の思いです。味覚は生まれる前からの感覚です。皆様は生まれる前から味覚を持っていました。それで甘いと感じるのです。生まれた後のことは肉の思いです。

生まれる前の霊の感覚が皆様の舌にあるのです。前世の感覚がそのまま働いているのです。これは味覚だけではありません。聴覚も、臭覚、触覚もすべて前世の感覚です。それを肉体の感覚と思うから間違ってしまうのです。そういう教育が間違っている。常識が間違っているのです。親兄弟姉妹の考えが間違っていた。親戚の人が間違っていた。社会全体が間違っていたのです。だから、皆様はすっかり間違った考えを持たされてしまったのです。

皆様は生まれる前の五官というすばらしい霊の感覚を与えられていて、それを生活で体験している。だから皆様のリビング（living）の実体はとこしえなのです。それを肉の思いで受け取っているから、肉の思いになってしまうのです。

ケーキを食べれば甘く感じます。それを肉体的な自分が食べて甘いと思うからいけないのです。受け止め方が悪いのです。現世の常識が悪いのです。甘いという感覚が悪いのではない。感覚に対する感じ方が悪いのです。ですから五蘊皆空になるのです。

人間の感じ方、考え方は全部間違っているのです。人間の行動が悪いのではなくて、行動についての思いが間違っているのです。そこで思いを変えるのです。「心を更えて新しくせよ」とパウロが言っているように、人間の精神の霊を新しくしていけば、生まれた後の感覚ではなくて、生まれる前の感覚で見ることができるのです。

肉の思いが一番悪いのです。釈尊の思想の一番重要な点は肉を否定していることです。聖書は「肉は益なし、肉の思いは死である」という言い方で否定しているのです。

釈尊は「肉は空である」と言っているのです。「肉」とか「肉の思い」というのは聖書独特の言い方で、聖書に馴染みのない人には不可思議な言葉です。「肉」というのは目に見える物質的現象です。般若心経はこれを「色」と言っています。「肉の思い」は目に見える物質が実在するということを踏まえた、人間の思い、考え方です。人間の常識、知識、学理学説はすべて肉の思いです。

肉は幻です。皆様方に肉体があること、地球があることが幻です。時間、空間の世界が幻です。

皆様は肉体がある世界へ生まれてきました。これがカルマです。これから抜け出さなければ絶対に救われません。肉の思いは死であると言っている。肉に従う者は肉のことを思うとあります。そこで肉体的に生きている自分が肉体的な感情を持っている以上、その人は罪の虜になっているのです。だから肉の思いからどうしても抜け出さなければならないのです。これが色即是空です。

肉の思いというのは、皆様を縛りつけるだけの力はありません。皆様方さえ自分の肉に反抗すれば、肉の思いから出ることはできるのです。

肉の思いで何回悟ったり信じたりしてもだめです。肉体を与えられたことが皆様のカルマです。これから出てしまうのです。肉の思いを捨ててしまうのです。奥さんに対する肉の思いを捨ててしまうのです。

マグロの刺身を食べる時、刺身についての肉の思いを捨てるのです。刺身の味は生まれる前の味です。生まれる前の味覚で刺身を食べているから、現世の意識とは違うのです。生まれる前の感覚で食べると、霊に従いて歩むことができるのです。これを性に適用するのです。

今皆様が持っている命は必ず死ぬ命です。死ぬ命を捨ててしまうのです。五官は生まれる前の感覚ですが、皆様の意識が間違っているのです。

自分自身を見切ってしまうのです。マグロの刺身を食べているのは、前世の自分が食べているのです。生まれる前の自分が生まれる前の感覚で食べている。従って現在の自分は空なのです。これがはっきり分かれば、だんだんイエスと同じ心境になれるのです。

イエスもパウロもヨハネも霊に従って生きていたのです。そのように新約聖書の中へ入って行けるのです。これが神の国へ入ることなのです。誰でも水からと霊からと新しく生まれて、神の国へ入らなければいけないのです。

皆様のリビングは前世です。五官の働きも前世です。生きていることが救われている証なのです。リビングが救われていることなのです。現世で生きているのではない。前世のものがちょっと顔を出しているだけのことです。

天にいるイエスが地上にちょっと顔を出したのです。イエスは天から下ってなお天にいたのです。それと同じように生きることができるのです。姿形は現世にいますけれど、気持ちは現世にいません。住んでいる世界が違うのです。だから永遠の命を現世で経験できるのです。死なない命をはっきり経験できるのです。

死なない命を掴まえるためにどうしたらいいのか。前世に生きていた自分を引っ張り出せばいいのです。前世に生きていた自分というのは五官の働きです。五官の働きの自分を引っ張り出せばいい。これがリビング（living）の実体です。死なない命です。これを受け取ることがリビングのシールを受け取ることです。生ける神の印を受け取るのです。

赤いものを見て赤く感じることが、皆様が生きている証拠です。これが神です。神はそこにいるのです。

聖書を理屈で勉強するのではなくて、命をしっかり掴まえるような、神の実物を掴まえるような勉強をして頂きたいのです。

人間が生きているのは、神と一緒にいるのです。一緒にいる神が、じっと見ているのです。神にいつ気が付くかと、じっと見ているのです。神は皆様と一緒に生きています。人は神と共にいる。インマヌエルの状態にあるのです。それにいつ気が付くかと、気長に見ているのです。

生きていることは、神そのものです。神の実物が、皆様の霊魂と一緒に生きている。だから丸いものが丸い、甘いものが甘いと分かるのです。五官の働きは、そのまま神の実物になるのです。

3．西暦紀元とは何か

かつて日本では西暦紀元をあまり問題にしていませんでした。これはキリスト教徒の勝手な言い分で、また、白人社会の独断的な感覚で、こういう規定を設けているのだと思われていました。白人的な世界観を有色人種に押し付けるために、西暦紀元という考え方を用いたのだろうと考えられていたのです。

今までの日本人はそう考えている人が相当多かったようです。キリスト教的な宗教習慣に基づく価値観だと思っていたのです。

クリスマスとかペンテコステ（聖霊降臨の祝日）、謝肉祭は世界的にあるようですが、キリスト教の典礼に基づくものです。こういうものを世界的な祭りにしているのですが、西暦紀元もクリスマスと同じような意味で、世界的にこういう暦年算定の考え方を押し付けていたのだと思っていたのです。

ところが、聖書をよく読んでみますと、そうではないことが分かるのです。仮に白人が西暦紀元を自分たちの宗教習慣によって創設したとします。それを世界の有色人種全般に押し広めて、自分たちの世界観に同意させようという強引な態度を取ったとしても、もしそれが地球存在の必然性に一致しないとすれば、そういうことは通用するはずがないのです。

例えば、マルクスの思想が良いものだと白人が考えたとします。そうして世界全体をマルキシズムに巻き込もうと考えたとします。マルキシズムは歴史的必然性があるという言い方もできますし、社会改革という人権主義的な感覚もあります。従って、貧乏人が金持ちと平等な感覚で生活ができるという誠に人間にとっては、願ったり叶ったりの言い分があるのです。どこの国でもマルキシズムの言い分で、国民大衆と言われている人々が賛同しやすい要素が十分にあるのです。

ところが、案外そうならないのです。理論的には民衆が得をするような考え方をしています。貧乏人と言われる一般大衆の感覚で見れば、当然賛同した方が良さそうに思えるのです。

どこの国でも一般大衆の方が、数が多いに決まっています。いくら金持ちが多いアメリカでも、一般大衆と言われる民衆の方が数としてははるかに多いのです。従ってアメリカでもイギリスでも、マルキシズムは人間の自尊心的感覚、欲望主義的な生活感覚から考えて、マルクスの思想は当然世界の一般大衆がこぞって歓迎するはずです。

マルクスはそう考えて資本論を書いたのです。その思想の良し悪しは別として、人間の肉性を煽り立てて迎合する態度を取れば、一般大衆はこぞって歓迎するでしょう。

いかに封建主義的な残存意識があっても、また、資本主義的な意識があっても、一般大衆にアピールするようなマルキシズムは当然歓迎されるはずです。ところが、歓迎されないのです。

二〇一五年現在で中国や北朝鮮、キューバは共産主義体制の国家ですが、一般大衆で本当にマルキシズムに傾倒している人が何%あるかです。共産党員として国家の指導をしている人は信じているでしょう。しかし、本当に心からマルキシズムに傾倒している人は、非常に少ないでしょう。

マルキシズムのように、人間に迎合するセンスを持っているものでも、人々が歓迎するとは限らないのです。結局、神の処置でなければ、人間がある思想を伝播しようと考えても、世界的に行き渡さらせることはできないのです。

ある一部の民族や国家に受け入れられても、全世界にそれが抵抗なく受け止められるということは、人間が考えた思想ではできないのです。マルキシズムがその実例になると思います。

西暦の場合、これを採用したからといって、誰かが得をする訳でもありません。国家の民族感情から考えますと、損をしても得はないのです。日本人の島国感情から考えますと、昭和とか平成と言った方が何となくぴったりするのです。

現在では西暦は便利であると言えますけれど、日本の明治、大正時代では、西暦を用いるのは民族的にも国家的にも、それほど便利であったとは言えないのです。

外交文書、国際的な貿易をする人には便利だったでしょう。一般大衆の立場から考えますと、西暦を用いても何の利益もなかったのです。むしろ抵抗を感じる人が多かったかもしれないのです。

ところが、今では西暦が当たり前になっているのです。私はかつて世界一周旅行を二回してきました。アジア、中近東、ヨーロッパ、アフリカ、南米、中南米、北アメリカの色々な国を訪ねましたが、皆西暦を使っていました。

日本では平成の後に、果たして元号が新しく作られるかどうか分からない状態になっているのです。元号を作ったとしても、西暦を使った方が便利になっているのです。そうすると、日本で平成の後に作られる元号は、単なる体裁みたいなものになるのです。皇室の行事には元号を用いることになりますが、一般社会の人々は西暦が普通になるのです。

そういうことがどうしてあり得たのでしょうか。新約聖書が伝播された地域、民族には無言の内に西暦が歓迎されているのです。世界全体がイエスの誕生の紀元をそのまま受け入れている。これがおかしいのです。

年号といのは簡単なことのように思われますけれど、人間の生活においては非常に大きい意味を持っているのです。年号を知っていても知らなくても、給料をもらうには関係がありませんけれど、社会生活の通念から考えますと、年号の持つ重大さは相当大きいものがあるのです。それが大した抵抗もなく世界中で受け入れられているのです。

神という事実はこのような事がらにおいて、何げなく当たり前のこととして、受け止められているのです。これは人間がむきになって反対しなければならない事実とは違うのです。

ところが、イエス・キリストの誕生が西暦紀元になっているという事実は、落ち着いて考えたら容易ならない大問題です。イエス・キリストの誕生が、好むと好まざるとに係わらず歴年算定の基準になっていて、人間は無理なくそれを受け入れているのです。なぜこういうことがあり得るのか。落ち着いて考えたら、新約という事がらの意味が少しは分かるはずです。

西暦時代というのはどういう時代なのか。イエスが生まれる前の世界と、生まれた後の世界とでは、人間存在の位置づけの本質が全く変わってしまったのです。人間存在の世界的な価値が変わっているのです。人間が宇宙的に存在する位置が全く変わっているのです。

イエスが生まれる前の異邦人の位置、世界史的な存在価値は、ゴリラやオランウータンと変わらない状態でした。これは正確には人間とは言えなかったのです。ゴリラやオランウータンとは違って、少し贅沢な生活をする動物だったのです。いてもいなくてもどうでもいい存在でした。世界歴史に与える意味を全く持っていなかった。人間という価値を全く持っていなかったのです。

現在でも、イエス・キリストと無関係だと考えている人の価値はそれです。イエス・キリストと無関係だと考えている人の価値は、動物と同じです。例えば、どこかの工場で仕事をしているとします。その工場は人間生活のために製造して、人間生活のために日本の国家に貢献しているのですが、人間存在の本質として何の意味があるかです。

人間は自分が住んでいる社会を褒めるという妙な癖があるのです。例えば、かつて京都市が琵琶湖から疎水を引きました。それを行った知事がその功績により銅像が建てられたのです。

京都人としてはその事業によって利益を得たのですが、人間が現世で便利に生活することが、本質的に何の価値があるかということです。どういう意味を持っているかです。

旧幕時代の京都人と平成時代の京都人とでは、人間の本質にどういう変化をもたらしたのか。人間の意義と価値は、人間が霊魂であることにあるのです。霊魂としての価値が、正当な価値判断の基準です。生活の形態が良いか悪いかは、人間の価値判断の基準にはならないのです。

現世に生きている人間から考えると、現世の生活が第一だと思うでしょう。しかし人間が現世に生きていることが、何を目的としたものなのか。また、価値があるのかということになると、現世に生きている人間は皆死んでいくのです。文明がいくら良くなっても、結局人間は皆死んでいくのです。

これは虚無的な考えではないし、反国家的な考えではありません。人間の意識の飾りやごまかしを全部取り去って、人間存在の丸裸の状態を直視することになりますと、そういう価値判断になるのです。

人間が生きているのは何のためか。人間が生きている意味、目的は何かです。

人間は現世において世間並に生活して死んでいくのです。世間並から少し良い生活ができて、子供に財産を残しても子供が愚かになるだけです。だから西郷隆盛は子孫のために美田は買わないと言ったのです。子孫のために美田を買えば、子孫が馬鹿になるだけです。

そうすると人間は一体何のために生きているのだろうか。真面目な人だったら答えられないのが当たり前です。無理に答えようとする人は、自惚れているか、自分の理屈を言っているだけです。

そういう人は、現世に生活する意義がある、価値があると言いたいのかもしれませんが、正直に人生を考える人は、人生は全く虚しいと考えるに決まっているのです。そう考えない人は、人生を冷静に、公平に判断するだけの能力がないのです。

人生は果たして生きるに値するかという人がいますが、こういう問いをするのが当たり前です。現在の人間なら生きるに値しないのです。生きていれば罪を犯すに決まっているからです。焼きもちを妬き、嘘を言うのです。そういうことをするに決まっているのです。人間が存在することが、却って人間を傷つけているのです。

そうすると、一体異邦人の価値は何かということです。犬や猫なら生活の矛盾はありません。人間には生活の矛盾があります。人間は矛盾した人生をごまかして生きなければならないだけ、犬や猫よりも価値が低いことになるのです。

人間は文明を造って自惚れているだけであって、文明が宇宙的にどれだけの価値があるかというと、地球を食い荒らして、やがて地球そのものを滅ぼしてしまう危険性があるのです。

やがて国も、民族も、歴史も、文明も消えてしまうでしょう。一体人間は何をしてきたのかと言いたいのです。ただ争いをして死んでいった。それだけのことです。イエスが生まれるまでの人間はそれだけだったのです。

イエスがこの地球上に現われたから、人間の歴史に大証人が与えられたのです。生きる意味、生きる目的がはっきり輝き出したのです。ここにキリスト紀元の驚くべき意味があるのです。

イエスが来たことによって、人間の本質、本性、本体が明らかにされたのです。イエスが来るまでは、人間の本質、本体、本性は全く分からなかったのです。

ユダヤ人でもそうでした。特に異邦人はただ生まれてきて死んでいく。それだけです。「露と落ち　露と消えにし　我が身かな　難波のことも　夢のまた夢」という豊臣秀吉の辞世の歌のとおりです。酔生夢死の人生です。酔っぱらって生きて、夢のように死んでいく。この他に人生の価値はなかったのです。

孔子はもっともらしいことを言いました。達磨がもっともらしいことを悟って、涅槃の境地に入ったと言いました。それで終わりです。

現世で五蘊皆空を悟って一切の苦厄を度して、楽しく生きたとしてもやはり死んでいくのです。それで終わりです。

よほど上等になっても犬くらいの価値です。犬は最初から涅槃です。犬には罪が全くありませんから、死の恐れはないのです。日本には犬以上の人は一人もいなかったのです。

今の日本人はその程度のものです。生きてはいるが、自分の値打ちを全く知らない。自分の本性、本体を知らないのです。結婚とは何か。親とは何か。愛とは何か。そういう根本的なことが何も分からないのです。何も分からないから、犬の方が罪がないだけ上等です。

ところが、イエスが現われてから、人間の価値が全く変わってしまったのです。神の子であるという実質が証明されたのです。人間は神の子であるという驚くべき事実が証明されたのです。そうしてもっと驚くべきことは、イエスが十字架にかかって復活し、昇天したことによって、聖霊が降臨したのです。そしてイエス紀元の時代が現われたのです。もはや地球は神の国になっているのです。全く大変なことになっているのです。

これについては分かりやすく説明しなければなりませんが、日本人はあまりにも物を知らなさすぎるのです。これは日本人だけではありません。世界中の人々が知らないのです。

とにかく、今はもう神の国が来ているのです。悔い改めて福音を信じるという条件さえ果たせば、死ななくなるのです。死なない命を見つけることができるのです。

やがて、この世界に千年王国という驚くべき栄光の時代が現われます。地球に千年間の絶対平和が実現します。そうして地球がなくなった後に、新しい天と地が現われるのです。

その時、人間は万物の王であり神の子である本性を輝かせることができるのです。そうして、世々限りなく王となるのです。これは人生の目的としてはあまりにも上等すぎますが、これが私たちの目の前に置かれている栄光です。

創世記二章は人間が罪を犯す前の記録です。イエス・キリストの十字架によって罪が贖われた結果、今の地球上にこの二章が実現しているのです。これがキリスト紀元の時代です。

一度罪を犯した人間が、十字架によってその罪が抹殺されてしまった。そうして、陥罪以前の状態、創世記二章の状態が現われているのです。だから「神の国は近づいた。悔い改めて福音を信ぜよ」とイエスが言っているのです。イエスが十字架にかかる前ですから、神の国は近づいたと言っているのです。

今は既に神の国が来ているのです。だから悔い改めて福音を信ぜよと言っているのです。そこで、現在私たちが住んでいる世界が、神の国になっているという事実を説明すれば、皆様が素朴で素直であれば分かるのです。

今生きている人間は死なない人間だということも分かるはずです。

現在までの人間の生活意識、人生観、世界観、価値観を新しくする必要があるのです。そうしたら、私たち自身が死なない人間だということを、はっきり確認することができるのです。

これは肉体的に死ぬか死なないかということではありません。肉体的には死ぬに決まっています。現世から消えていきます。これは人間の霊魂の生活条件が変化するだけであって、これは死ぬことではないのです。

現在私たちは生きています。私たちが肉体的に生きているという事がらと平行的に、神の子としてとこしえの命で生きているという事実があるのです。

私たちは毎日食べています。飲んでいます。それは命の木の実を食べているのです。イエス紀元に生きているということは、命の木の実を食べているということです。

私たちは現実にイエス紀元に生きています。聖霊が降臨しています。聖霊が降臨したこの地球上に生きていながら、まだ命が分からないとはどういうことかと言いたいのです。

自我意識と現象意識を捨てればいい。そうしたら、すぐに命が分かるのです。

4. 偶像崇拝

人間は現世に生きている人間がいると思っているのです。現世に生きている人間という立場から、分かった分かったと言っているのです。

現世にいる人間がいくら分かったと言ってもだめです。彼岸に渡っていないからです。

パウロは言っています。

「このようにあなた方自身も、罪に対して死んだ者であり、キリスト・イエスにあって神に生きている者であることを、認むべきである」(ローマ人への手紙6・11)。

パウロがなぜこのように断言したのかと言いますと、この世が神の国になっていることを、パウロは知っていたからです。

神の国になっているのに、人間はまだこの世に生きている。だから「おまえたちは罪に向っては死んだ者だ、神に向っては生きた者だ」と言っているのです。このことを考えないのかとパウロは言っているのです。

この世に生きている間は、イスラエル伝道はできません。もっともっと聖書に対して目を開いて頂きたいのです。

今、神の国が実現しているのです。イエスがこの世に来た時に、神の国が来たと言っているのです。神の霊によって悪鬼を追い出すとしたら、神の国がこの世に来ていると言っているのです。イエスはそれを実証したのです。

ヨハネが神の国が近づいたと言ったのは、イエスが現われることを予見しているからです。イエスが現われて神の国を述べ伝えた結果、イスラエルに神の国が来たとはっきり言っているのです。

イエスが復活、昇天した結果、神の国が来たのです。神の国が来たから、聖霊が降臨したのです。神の国が来なければ、聖霊が降臨しないのです。聖霊が地獄まで下りていくはずがないのです。

聖霊が肉の世界へ下りてきた。「すべての肉に私の霊を注ぐ」というのは(使徒行伝2・17)、神の国が来ているからです。神の国が来ていなければ、聖霊を受けるということはないのです。

こういう事実を認めない、知らないために、全世界の人間は毎日、毎日死んでいくのです。世界中の人間がどんどん死んでいるのです。千年王国が実現すれば、こういうことはなくなるのです。

イスラエルが頑なために、人間は死んでいかなければならない。キリストの栄光が地上に現われないのです。私はこれが残念で残念でたまらないのです。

神は私たちに世界歴史の運命を任せているのです。本気になってイスラエルへ福音を伝えようという人が他にいないから、神は私たちに期待をせざるを得ないのです。

仮に十字架、復活という事実がなかったとしたら、この世に生まれたということは、肉に死んだということです。この世に生まれたことが死んだことです。死んだ状態が続いているのです。肉的に生きているということは、霊的に死んでいるということです。人生に目的も希望も理想もなく、ただ生きているだけです。犬や猫と全く変らない。こんなものが人生と言えるのでしょうか。

イエスは十字架にかかる前に、七十人の弟子を集めて、おまえたちは神の国を伝えよと言っています。十字架にかかる前にそう言っているのです。その後に十字架にかかり、復活があった。昇天があった。聖霊降臨があった。既に神の国は来ているのです。イエス在世当時でさえも、神の国を述べ伝えよと言っていたのです。

聖書に、「最初の人アダムは生きたものとなった。しかし最後のアダムは命を与える霊となった」とあります(コリント人への第一の手紙15・45)。

イエスがどうして命を与える霊となったかというと、十字架につけられて復活したからです。イエスが終わりのアダムになったということは、古き人であるアダムの末は一人もいなくなったということです。

イエスが終わりの人だったのです。イエスがアダムの終わりになった以上、アダムの末と言うべき肉体人間は一人もいないのです。

皆様は今、肉体的に生きているように思えるだけです。イエス以前の旧約時代でも、肉体的に生きている人間はいなかったのです。

なぜかと言うと、人間は大自然の力によって生かされているだけのことなのです。人間は大自然の一部に決まっているのです。

例えば、雲が流れています。しかし雲はあるようでないのです。その証拠に雲を掴まえることはできません。雲の近くに行けば消えるのですが、離れると見えるのです。人間もそれと同じことです。人間が生きているのは幻です。人間を一万倍に拡大したら、人間は消えてしまうのです。

地球という自然現象があるだけであって、人間はその一部です。従って、人間と称すべき個体はどこにも存在していないのです。犬も猫も存在していないのです。大体、万物はすべて電気現象です。電子の運動が物体のように見えているだけなのです。

ところが、旧約時代には人間がいる、動物がいるという思いを神が一応認めていたのです。なぜ神が認めていたのか。

聖書を読むのは文字を読むのではなくて、事がらを読むのです。神の処置、神の事がらを読んでいくのです。そうすると、今神が自分にやらせようとしていることが分かってくるのです。神が自分に何をやらせようとしているかが分かってくるのです。

イエスはそれが読めていたのです。水がぶどう酒になることが分かったのです。この盲人は目があくことが分かった。だから盲人の目をあけたのです。そのように神の処置が見えていなければいけないのです。

神は人間が完全に救われるという見込みを持っているのですが、人間には完全に救われるという意味が分かっていないのです。

旧約時代には、神は人間が肉体的に生きているという考え違いを一時許していたのです。肉体的に生きている人間がいるように、神が扱っていたのです。

本当は肉体的に生きている人間は初めからいないのです。釈尊は旧約時代に人間は空だと言っているのです。釈尊でも分かっていることが、神に分からないはずがないのです。神には分かっていましたけれど、イスラエルが人間がいると頑張っていたので、人間がいることになっていたのです。

ないはずの人間を神が認めていたためにいたのです。これがずっとイエスの時代まで続いていたのです。ところが、イエスが終わりのアダムになった。そこで神の思惑どおりに人間が消えたのです。

イエスは自分の肉体がないことを知っていました。そこで神は「私の愛する子、私の心に適うものである」と言ったのです（マタイによる福音書3・17）。エノクも自分の肉体がないことを知っていた。そこで三百年神と共に歩み、天へ上げられていなくなったのです（創世記5・24）。インマヌエルの生活を実行したからです。

ノアは最初は肉体があると考えていたのです。しかし肉体がないことが分かったのです。なぜ分かったかと言うと、神が肉体を持つ哺乳動物を皆殺しにしたからです。肉体を持っていてはいけないことが分かり、燔祭を捧げたのです。

エノクも分かったし、ノアも分かった。そこで神は人間の考えを見逃すことを考えたのです。本来肉体人間は初めからいないのですけれど、肉に従わずに霊に従う人間が出てきたので、もう少し見逃しておこうと考えたのです。そしてメシアを起こそうと考えたのです。

約束を与えて、約束の民族からメシアを起こそうと考えたのです。

肉の体は譬であって、見えないことのためにあるのです。神は人間が肉体的に存在することを認めていた。認めざるを得なかったのです。それは肉体的に存在していても、それが嘘であることを知っている人間が、時々現われたからです。エノク、ノア、アブラハムがそうでした。アブラハムは「汝わが前に歩みて全かれ」と言われて何も言わずに平伏したのです（同17・1）。黙って平伏して、神の前に消えてしまったのです。

神は肉体があると思っている人間の考えを許していた。その不信仰を見過ごしにしたのです。掟を行おうと考えること自体が不信仰です。人間が考えている肉体感覚はそれ自体が偶像崇拝です。人間が健康を誇っているのは偶像崇拝です。

パウロは言っています。

「地上の肢体、すなわち、不品行、汚れ、情欲、悪欲、また貪欲を殺してしまいなさい。貪欲は偶像礼拝にほかならない」（コロサイ人への手紙3・5）。

性欲があると考えている人には性欲があるのです。食べなければ生きていけないと考えている。これが偶像礼拝です。貪欲とか性欲は偶像礼拝です。この原因は何かと言うと、肉体があると思っているからです。肉体がなかったらどうして貪欲が起きるのでしょうか。

イエスは、「人はパンだけで生きるものではなく、神の口から出る一つ一つの言で生きるものである」と言っています（マタイによる福音書4・4）。

イエスは肉体を持っていたけれど、それは大したことではないと言っているのです。イエスは肉体を持っていたが、それを偶像にしていなかったのです。人間は肉体を唯一無二の偶像にしているのです。だから食べられなかったらいけない。月給が上がらなかったらいけないと考えるのです。

何を飲もうか、何を着ようかと考えている人は、偶像に仕えているのです。

今、人間に偶像がないことを、イエスの十字架によって公にしているのです。イエスは肉体を持っていました。しかしそれに全然こだわらなかったのです。だから人はパンだけで生きるものではないと言っているのです。

人間は皆肉の思いを思っていますが、肉の思いが人間という格好になっているのです。イエスの場合には、生ける神の子という事実が、イエスという格好で現われていたのです。

イエスは初めから固有名詞を信じていなかったのです。こういう信仰が持てるかどうかです。

神が人間を認めていた時もあるが、新約時代には肉体があると思うことが偶像崇拝になるのです。本当の新約聖書のレベルはこれくらい高いのです。あなた方は上にあるものを思うべきであって、地上のものに心を引かれてはいけないのです（コロサイ人への手紙3・2）。こういうことをスムーズに受け取れて生活できなければ、とてもイスラエルに伝道はできないのです。

今、人間はいないのです。事がらがあるだけです。イエスが終わりのアダムになった結果、肉の人間は皆消えてしまったのです。第三の天に、キリストが神の右に座していることを信じている事がらが現われているだけです。これを信じる時に、皆様は第三の天のキリストの右にいることになるのです。

皆様はどこまでも魂であって、人間ではありません。霊魂です。ところが、人間という気持がなかなかなくならない。これが悪いのです。

人間だと思っている人は、偶像を拝んでいるのです。人間はいないのです。霊魂があるだけです。こういう感覚で歴史の流れを見ると、現世がないことが分かるのです。

現在アダムの末は一人もいません。すべてイエスの末です。第二のアダムの末です。終わりのアダムの末です。だから、主イエスと言うのは当たり前です。人間がいないということはこういう点からでも証明できるのです。

自分がいないということが素直に分かると、神の経綸を遂行するために、神がこういう集会を起こしているということが分かってくるのです。

神は皆様を神の経綸を遂行するための器としているだけのことです。固有名詞とは何の関係もありません。従って、肉体にも関係がないのです。この信仰がはっきり定着しますと、死ぬ自分がいなくなってしまうのです。肉体がないのに誰が死ぬでしょうか。死ぬ自分が消えてしまわなければ、本当の信仰とは言えないのです。霊に従って生きるというのは、こういう生き方をすることです。

般若心経で言いますと、肉体は五蘊です。肉体は五蘊だということが分かりますと、肉体的に存在する自分を実体だとは思わなくなるでしょう。

五蘊というのは偶像です。肉体という偶像を毀ってしまわなければ、霊によりて歩むということができないのです。霊の思いが分からなければ、命であり平安であるということが分かりません。イエスの平安を掴まえようと思ったら、肉によって生きることをやめて、霊によって生きる人間になることです。

新約時代は肉の人間がいない時代です。すべて霊です。この世はないのです。第三の天というものはどういうものか。これは仮の天です。神が経綸を執行するために設けた天、罪を許す天です。罪を清める天です。すべてのものに命を与える天です。

イエスは自ら自分が持っている肉体を捨てた。終わりのアダムの肉体を捨てた時に、すべての人間の肉体が消えたのです。

イエスが洗礼を受けて水から上がった時に、イエスの肉体は信仰によって消えたのです。しかし他の人間の肉体はあったのです。ところが、イエスが十字架で自分の肉体を本当に殺してしまった時に、すべての人の肉も消えたのです。従って、神はもう裁きようがないのです。イエスの死を身に負うというのは、このことなのです。そこでイエスは自分の肉を捨てたことによって、命を与える霊となったのです。イエスがなぜ命を与える霊となったのかということは、ここまで説明してこなければ分からないのです。

事がらがあるだけで肉は一つもありません。霊に従って生きるのです。第三の天はそれほどすばらしいものです。これは仮の天であって、本当の天ではないのです。新天新地が現われるまでの天です。

生きているということは、悪魔との闘いです。自我意識との闘いです。イエスをキリストとして信じるか信じないか。これは大変な違いになるのです。

人間が肉体的に生きていると思っている人は、イエスをキリストとして信じていない人ですから、もう死んでいるのです。

肉体的に生きている自分を意識している時には、その人はイエスと何の関係もないのです。その時に交通事故を起こして死んでしまったら、もう地獄です。

車を運転する時でも、イエスが主であると思うのです。自分が自分の主になってはいけないのです。イエスが主であることを自分に押しつけるのです。そうすると、霊に従って歩むということができるのです。

5. 悪魔を騙すために造られた現象世界

肉体は自分のものではありません。これを自分のものと思うことが罪です。体も命も全部神のものです。

この世に生きていることをやめなければいけない。この世に生きていたら必ず死にます。これをよく考えなければいけないのです。

命には必ず死ぬ命と、絶対に死なない命と二種類あります。肉体的にこの世に生きていると思っている人は、必ず死にます。必ず地獄に行きます。絶対に裁かれます。

自分の命はありません。命は神のものであるに決まっています。神の御霊によって光を与えられていながら、その光の恵みを神の命として受け取っていない者は、皆悪魔に味方をしていることになります。悪魔は神の知恵をどんどんもらっていながら、これを自分なりに利用しました。これが悪魔のやり方です。闇の世界では何も見えませんが、光の世界で見ると立体的に見えるのです。同じ景色でも、光と闇とでは全然違って見えるのです。これが分かる人間は何者かです。

人間の実体は魂です。魂ですから、光と闇の区別が分かるのです。それを人間の感覚で見ている。世間の感覚で見ていると思っているからいけないのです。見ているのは神の国ですが、受け取っている感覚が人間的だからいけないのです。これは恐ろしいことです。

新約時代の今日では、固有名詞の自分は全く消えてしまっていますし、今生きているのは御霊という宇宙のエネルギーによるのです。

男性のハートより、女性のハートの方が上等です。霊的には女性の方が神に近いのです。男性の方が遠いのです。男性は頭で物事を考えます。ハートで直感するのは苦手です。

神はアダムの手本になるためにエバを与えたのです。アダムがどうしても神を直感できなかった。そこでアダムのあばら骨を引き抜いてエバを造ったのです。あばら骨は人間のハートであって、人間のハートの一番すばらしいところが、女性になっているのです。

霊的には男性より女性の方が上等です。男性は現世で商売をするのに向いています。女性は天国向きにできているのです。男性はもっと女性を崇めなければいけないのです。アダムがエバを見てびっくりしたように、女性の直感力を見習うべきです。男性の考え方は知識、常識的です。これは肉です。女性の直感は霊です。潜在意識にずっと近いのです。ですから、女性の直感性に見習わなければいけないのです。

男性は女性を押さえつけて、自分のわがままを通そうとしないで、女性の素直さを学んで、自分の欠点をなくすようにして頂きたいのです。女性の値打ちを本当に知ると、奥さんは夫を本当に尊敬するでしょう。尊敬される夫になるのです。そうなろうと思えば、もっと女性をじっくり勉強しなければいけません。女性の良さが分からない男性を、女性は尊敬しないのです。

パウロは次のように述べています。

「あなたがたは代価を払って買い取られたのだから、自分のからだをもって、神の栄光を現わしなさい」（コリント人への第一の手紙6・20）。

聖書は「すべての人は罪を犯したため、神の栄光を受け取られなくなった」と言っています（ローマ人への手紙3・23）。自分を絶対とする自我意識と、目に見える現象世界が実在すると考える現象意識を持ったことが、罪を犯したことになるのです。その結果、人間は皆死んでいるのです。

ところが、イエス・キリストが十字架につけられたことによって、すべての人にある自我意識と現象意識を否定してしまった。絶対に死ななければならないという人間の運命を完全に否定した。死を滅ぼしたのです。これが代価を払って買い取ったことになのです。

新約時代の現在では、死ぬべき人間は一人もいないのです。皆、御霊によって生かされている。御霊とは、森羅万象を生かしている驚くべき大自然のエネルギーですから、これによって生かされている人間は、死ぬはずがない状態におかれているのです。

神の御霊を崇めて、景色を見るのです。そうすると景色がすばらしく見えるのです。聖書に御霊を受けるという言葉がありますが、聖書の言葉が自分の命になることを言うのです。そうすると死ぬべき人間から、絶対に死なない、永遠の命によって生まれることができるのです。

御霊を崇めるというのは、受けた御言葉を崇めることです。これが命だからです。この御言葉を崇めたら、景色のすばらしさの意味が分かるのです。

景色は神の国です。景色を見て感動しているのは、神の国に感動しているのです。これを霊的に受け取ったらいいのです。そうしないと、景色を見たことによって、却って神に滅ぼされることになります。感覚を霊に変えるのです。感覚を信仰的に受け取るのです。そうすると、神の国に入れるのです。

女性は霊的に見ないと分かりません。肉的に見ていたら分からないのです。人間は聖書の話を哲学的観念で聞いてしまうのです。それを自分の命として聞いていないのです。神の言葉は命であって、命の言葉として聞かなければ聖書の勉強をする必要はないのです。

景色を見て喜んでいるのは、人間が喜んでいるのではないのです。神が魚の刺身を与えたり、おいしい果物を与えているのは、人間の肉を喜ばせているのではありません。神は人間の肉におべっかする必要はありません。第一、神が人間を救う必要は全くないのです。人間が勝手に肉の人間になっているのです。

神が景色を見せたり、おいしいものを食べさせているのはなぜか。これには大きな意味があるのです。あるに決まっているのです。

女性を肉の人間として愛さずに、命の糧として見るのです。

アダムがエバを見た第一声に、「これこそ、ついに私の骨の骨、私の肉の肉、男から取ったものだから、これを女と名付けよう」と言いました（創世記２・23）。女性は肉のためにあるのではない。肉のためにでもあるのですが、実は霊のためにもあるのです。

神が女性を与えたのは、骨の骨としての見方を教えるためです。肉の肉としても与えているが、本当は骨の骨だけでいいのです。女性を何回でも抱きたくなるのはなぜか。その本当の意味を知らずに抱いているのは、たとえ夫婦でも姦淫になるのです。神はただで女性を抱かせているのではありません。神は非常に勘定高い人ですから、ただでくれることはないのです。神は無駄なことはしません。ただで男性に女性を抱かせるはずがありません。また、女性もただで抱かれてはいけないのです。抱く値打ちのある男性に抱かれなければいけない。

これが分からない男性も女性も皆、姦淫をしているのです。女性は活造りの刺身よりもはるかに上等のものです。最高の料理よりももっとすばらしいのです。景色よりはるかに上等のものです。森羅万象を造ってアダムに見せたが、それを全然理解しなかった。最後に一番分かりやすい形で、神の最高の栄光を女性として現わしたのです。女性は森羅万象の中で最高のものです。

景色を見ている時の気持ちをじっと見るのです。その時の気持ちを深く深く見ていくと分かるのです。女性を見ているのと同じ気持ちで景色を見るのです。富士山を見るのです。また、富士山を見ているのと同じように、女性が見えなかったらだめです。そこまでいかなかったら、霊が分かっているとは言えないのです。

砂糖が甘いのも、塩が辛いのも、雨が降ることも、暑いことも寒いことも、すべて人間の霊魂に神の栄光を悟らせようとしているのです。

「あなたがたは、代価を払って買い取られたのだから、自分の体をもって、神の栄光を現わしなさい」とパウロは言っています。これはどうすることかと言いますと、自分が生きていることが、神の栄光を現在経験していることだということを、実感しなさいと言っているのです。神が人間を地上に送ったのはなぜか。肉体的にこの地上で生活してみなければ、神の栄光を知ることができないからです。それを知らせるために、人間を地上に送ったのです。刺身を食べさせるため、美しい景色を見せるため、女性を抱かせるためではないのです。そういうことを通して、神をどのように崇めるのか。神の命をどうして実感するのかを教えるためです。

自分自身に生きないで、神に生きなければいけないのです。あなた方の体をもって、神の栄光を現わしなさいというのは、体がなければ神の栄光が具体的に分からないからです。体を通して神の栄光が具体的に経験できるのです。

この三次元の世界では、神の栄光はすべて現象的に現われなければならないのです。神の栄光はすべて、現象的にしか現われないことになっているのです。なぜか。悪魔に見せるためです。悪魔が現象的に現わしてほしいと、強く主張したからです。

それでは現在現われている森羅万象は、一体何か。隠れている神の栄光、この世が造られる前の神の栄光を、有形的に現わしているのです。

有形的に現われているすべてのものは、全部神の栄光です。これを経験しなければ神の栄光が分からないので、肉なる人間にそれを経験させているのです。

肉なる人間は罪の下に売られた人間です。罪の下に売られた人間というのは、悪魔の子である人間のことです。悪魔の子である人間に、霊の経験をさせるために肉体を与えたのです。肉の経験をするために肉体があるのではなく、霊の経験をさせるために肉体があるのです。

目に見える現象（肉）があるのではなく、目に見えないもの、現われていないもの、非現象（霊）を示すために現象（肉）があるのです。女性がいる、景色、果物、牛肉があると思っているからいけないのです。見えないはずのものが、見える形になって現われているのです。

目に見えないものがある。それを見つけるために現世にいるのです。現象が実体であると思っていると、必ず地獄へ行くことになるのです。

目に見えるものが存在していると思っている。この感覚は肉（悪魔の思い）です。この感覚を捨てなければ絶対に救われません。地獄へ行くに決まっています。

御霊を受けていたら目の前にあるものが、目で見ている現象とは思えるはずがないのです。御霊を崇めるというのは、霊において見るということです。それをしていないから、神が皆様に森羅万象を見せている意味が全然分からないのです。大体、肉体的に生きている人間は、死ぬに決まっています。死ぬに決まっているものを神が造るでしょうか。

神は全知全能です。霊なるものです。霊なる神が肉の人間を造るでしょうか。そんなばかなことをするはずがないのです。

そうすると、肉の人間はいないはずです。十字架があろうがなかろうが、肉の人間は初めからいないのです。いるように思えるだけなのです。肉の思いで見れば、肉の人間がいるように思えます。それは悪魔を騙すためです。悪魔をいっぱい引っかけるために、神がそういうことをしているのです。

悪魔には肉の思いしかありません。肉の思いしかない悪魔を満足させるために、肉の人間がいるように見せかけたのです。

ヘビは肉の人間がいると思ったから誘惑した。そこで悪魔の言葉がエバの中に入った。入ってしまったので、善悪を知る木が好ましく思えたのです（創世記2・15～17、3・1～7）。

善悪を知る木にはヘビが居着いていたのです。それが顔を出してエバに呼びかけたのです。ヘビの声は善悪を知る木から出ているのです。ヘビと善悪の木は一つになっていた。エバがヘビの声を聞いて善悪を知る木を見たところ、食べるに良く、目には美しく、賢くなるには好ましく思えたのです。

ヘビの言葉を聞いた途端に、へびの言葉がエバの中に入ってしまった。その時エバは、目で見ていることが実体だと思った。これが肉の思いです。

ヘビの言葉がエバのハートに入ってしまった。エバが先に善悪に木の実を食べてしまったのです。その実を取って自分一人で食べただけなら良かったのですが、それをアダムに与えた。

アダムもそれを食べたのです。

エバがアダムに善悪を知る木の実を食べさせた。そこでエバがアダムの下に置かれたのです。本当はエバの方が上等です。あばら骨は頭よりも上等です。頭は現世で生きるための知恵です。考える機能です。生まれる前の命はハートでないと分かりません。

女性が先に善悪を知る木を食べたので、女性は夫を慕わなければいけないことになった。本当は反対です。男性が女性に惚れて、男性が女性の下にならなければいけないのです。

これが当たり前ですが、女性の方が先に禁断の木の実を食べて、男性に食べさせたのですから、罰として男性の方が上になったのです。それを今の女性は知らないのです。本当は女性が上であることを知らないのです。

神は人間を自分より勝るものとして造ったのです。神ご自身は肉を持っていません。神でさえ持っていないものを人間に与えたのです。肉を与えたというのは、肉体人間を造ったことではありません。肉をマスターできる能力を霊で与えておいたのです。肉の上に立つことができるる能力を、人間の霊魂に与えておいて肉を与えたのです。神の言葉が肉になったというのは、そのことなのです（ヨハネによる福音書1・14）。

皆様の本質は神の言葉ですから、肉よりも上です。肉より上の力を与えておいて肉体を与えた。そうするとどうなるか。肉より上の力を持っているから、神の言葉という霊の力によって、自分の肉をマスターすることができる。肉をマスターすることができると、悪魔を踏んづけることができるのです。悪魔を踏んづけたことになるのです。

肉的に生きている人間は皆悪魔です。自分の気持ちで考えるから、思い煩いが起きる。自分の気持ちで考えるから、自分が不幸になるのです。

信仰によって神を通して見れば、悩み、矛盾はすべてなくなります。病気があっても命に関係がないのです。命は霊なるものですから、霊なる命が分かれば、病気であってもかまわないのです。この世を去ってもかまわないのです。

この世に生きていてはだめです。御霊を受けた者はこの世を去ってもいいのです。御霊を崇めていれば死ぬことは怖くない。死んでどこへ行くか分からないから、死が恐ろしいのです。

御霊を受けた者は神の国に入れるのです。現世に生きていながら、神の国に入るのです。神の国に入っていないから、思い煩い悩みがあるのです。御霊を受けてから思い煩うことはあり得ない。御霊を受けたら、今生きている世界が神の国であることが分かるはずです。

皆様が現在見ているものはことごとく神の栄光です。神の栄光として森羅万象があるのです。神の栄光というのはこの世ができる前のものです。この世ができる前には、死はなかったのです。死がなかった時代のことを神の栄光の世界と言うのです。

この世には死があります。この世に現われているものは全部死んでしまうのです。現象世界は死の世界です。死ぬに決まっているものが現象として現われているのです。

そこで現象世界を見て、これが本当だと思っている人は死の世界を見ているのです。肉体的に生きている自分がいると思っている人は必ず地獄へ行きます。絶対に行くのです。

肉なる人間はいない。霊なる神が肉なる人間を造るはずがないのです。

皆様は目に見えているものが肉だと思えるでしょう。家がある。道路がある。車があると思えるでしょう。実はそんなものはないのです。

物質はすべて科学現象です。神の言葉の働きは科学の原理を意味しています。科学現象が実在のように見えるのです。実際には実在していないのです。あるように見えるだけのことを、本当のように信じている者は、神を信じないで肉を信じていることになります。悪魔を信じているのです。

悪魔は人間と同じ気持ちで見ているのです。皆様は悪魔と同じ気持ちで見ているのです。これを死と言うのです。肉の思いは死であるとあります。これから抜け出さなければ、死んでから行く世界がどういう所か分からないのです。

死んだらどんな世界へどのように入って行くのか。皆様は天に帰らなければならないのです。天も霊も同じものです。霊が肉になって現われている。現世はこの世ができる前の霊の世界が現われれいるのです。

天があるから地がある。霊があるから肉がある。逆に言うと、肉があるから霊があるのです。地があることは天があることを示しているのです。

神は皆様に見せるために美しい景色を造っているのです。見ても分からないものに神は見せるつもりはないのです。景色をすばらしい神の国として見たのは、私たちが初めてでしょう。景色ははっきり神の国です。神の国はこの世が造られる前の風景です。それが今、景色として現われている。ここまで見破らなければならない。ここまで見破ると、この世の人ではなくなるのです。

美しい景色を見ていると、人間の霊魂が吸い込まれるような感じがするでしょう。なぜそういう感じがするかと言うと、人間の霊魂は自分が生まれる前の天を求めているからです。皆様の霊魂はそこにいたのです。天にいたものが今地上に現われている。ですから、皆様の霊魂はいつでも天に帰りたいと思っているのです。

ところが、肉の自分が、この世があるとか、所帯があるとかを考えて、霊が天に帰ろうとするのを、肉の自分が押さえつけている。霊の国が目の前にありながら、現世のことに夢中になっている。そこで元の木阿弥になってしまうのです。

霊の国が分かったら、そこへ入らなければいけない。これを御名を崇めると言うのです。新に生まれて神の国に入るのです。

男性は女性を勉強しなければいけない。女性の直感は男性にないものです。これを勉強すると神の国に入る要領が分かるのです。

肉は実在しない。ただ肉の思いがあるだけです。肉の思いがあるので、自分で肉の世界を造っているのです。肉体的な自分がいると思っている。そんなものはどこにもないのです。自分がいると思っているから自分があるのです。肉の思いが肉の形をとってしまうのです。自分の思いが自分の世界を造ってしまう。人間はそういう愚かなことをしているのです。

信仰によりて歩むなら、霊の思いが生じて霊の世界を展開してくれるのです。肉の世界はありますが、肉の思いを叩いてしまうと消えてしまい、霊の国になってしまうのです。

私たちが見ている世界は、実は霊なる国です。目で見えないはずの世界を見ているのです。これが神の栄光です。神の栄光を見ているのです。

私たちが今生きているここに、神の国があるのです。死んでから天国へ入れると思ったら大間違いです。今生きているうちに入るのです。

天にいます父の御心を行うものは、そこに入ると書いています。天国はどこにあるのか。天国は畑に隠れた宝のようなものである。天国は良き真珠を探している商人のようであるとあります。これが天国です。ここに入るのです。私たちは神の栄光を見ているのですから、これさえ分かればそこに入れるのです。

花が咲いています。これは霊なることです。天なることです。花が咲いているという世界があります。その世界がなければ花は咲かないのです。花が咲いているのが見えます。その世界へ入ってしまうのです。天国はそこにあるのです。死んでから行く所とは違うのです。生きているうちに入れるのです。

花が咲いているという天に父がいますから、そこに行くのです。父の前に行ったらいいのです。

生きている世界に永遠の命があるのです。花が咲くというのは、御霊の働きに決まっています。御霊のいます所には生ける神がいるに決まっています。

花が咲いているのが見える所というのは、生ける神の働きを見ているのです。見ていながらそこに入れないというのは、肉の思いが妨害しているからです。肉の思いを捨てさえすれば、誰でも神の国に入れるのです。

皆様が生きているのは、天国の入り口に生きているのです。御霊を受けた人は、神の国に入らなければいけない。御霊を受けた者が天国へ入れないということはあり得ないのです。ただ宗教観念で、肉の自分を見ているからいけないのです。肉の自分が救われようと思っているからいけないのです。

救われるのは誰か。御霊を受けたという魂が救われるのです。御霊を受けたから救われるのです。御霊を受けたという事がらが救われる。自分という人間が救われるのではないのです。

自分は初めからいません。キリスト紀元には自分は一人もいないはずです。代価を払って買い取られたのだから自分はいないのです。買い取られたから自分は消えているのです。御霊を受けたという手付によって、買い取られている。これが十字架の本当の見方です。

買い取られた人は、神の国に入れるに決まっています。自分の体で神の栄光を現わすというのは、神に生かされているということを、実感するということです。神に生かされているということが実感できるだけで、神に栄光を返すことは十分にできるのです。

6. 土から出た人間と天から出た人間

パウロは次のように言っています。

「しかしある人は言うだろう。『どんなふうにして死人は甦るのか。どんな体をして来るのか』。愚かな人である、あなたの蒔くものは死ななければ生かされないのではないか。死人の復活もまた同様である。朽ちるもので蒔かれ、朽ちないものに甦り、卑しいもので蒔かれ、栄光あるものに甦り、弱いもので蒔かれ、強いものに甦り、肉のかたちで蒔かれ、霊の体に甦るのである。肉の体があるのだから、霊の体もあるわけである。

聖書に『最初の人アダムは生きたものになった』と書いてあるとおりである。しかし最後のアダムは命を与える霊となった。

最初にあったのは、霊のものではなく肉のものであって、その後に霊のものが来るのである。しかし、最後のアダムは命を与える霊となった。

最初にあったのは、霊のものではなく肉のものであって、その後に霊のものが来るのである。

第一の人は地から出て土に属し、第二の人は天から来る。

この土に属する人に、土に属している人々は等しく、この天に属する人に、天に属している人々は等しいのである。すなわち、私たちは土に属している形をとっているのと同様に、また天に属している形をとるのであろう」（コリント人への第一の手紙15・35、36、42〜49）。

これは福音が完成される本質、人間が救われることの中心点を指摘しているのです。「もしイエスの甦りがなかったら、聖書を信じている人間は最もみじめな人間だ」とパウロは言っています。コリント前書十五章で取り上げている復活の問題、いやはての敵は死であり、死が勝に呑まれているということが、異邦人の感覚ではなかなか分からないのです。

異邦人というものは、現在生きているのが人間だと思っているのです。そう思い込んでいるのです。現在生きているのは、何のため か知らないのです。何のために生きているのかを知らないくせに、現在生きている人間が人間だ、また、自分だと頑固に思い込んでいるのです。これを迷いと言うのです。

この迷いから解脱することを、仏教の禅では強調するのですが、解脱するとはどういうことかが、仏教自身が分からないのです。迷いから解脱したらどうなるのか。いわゆる空や無を感じることによって、現象的感覚には捉われなくなった時に、人間はどのような状態になるかということが分からないのです。

人間は空であると考える。空であるがその人はやはり生きているのです。これを歌った歌があります。「悟りつつ身はなきものと思えども、冬の降る日は寒くもあるかな」となるのです。身はなきものという悟りを開いた人でも、その人がどんな心理状態になるかと言いますと、やはり柳は緑、花は紅となるのです。

悟る前にも柳は緑で、花は紅であった。悟った後もそうである。どこが違うのかと聞きますと、悟った点が違うと言うでしょう。それでは悟る前の縁と、悟った後の縁とはどう違うのかと言うと、分からないと言うのです。悟った人の解脱のあり方によるのだと言うのです。

結局禅の悟りは単なる主観的な妄念であることになってしまうのです。これがいわゆる野狐禅です。自分で悟ったことになるのです。禅の無門関四十八則とか、碧巌録を読んでみますと、こういうことがくどくどと、色々な例話が並べてあるのです。結論があるようなないようなことになっているのです。山の彼方にあるものが、なかなか分からないのです。ただ悟ったらいいと言うのです。

ただ悟ったらいいと言うのなら、Aと悟ろうが、Bと悟ろうがそれぞれ本人の悟りようであるのだから、どれが良いどれが悪いと言うべきものではないということになってしまうのです。これが禅の悪さです。達磨の時代には、そんなでたらめなものではなかったのです。今ではやたらに印可証明が乱発されて、おかしくなっているのです。

聖書の場合には、イエス・キリストの信仰があるのです。イエス・キリストの信仰に一致しなければ、どんなに分かったと言っても、分かったのでも悟ったのでもないのです。イエス・キリストの信仰に一致するかしないか、神の意志の上に、自分の意志を置くかどうかが問題です。それによって検定するのです。

ところで、現在生きている人間が救われるというのは、どうなることか。三十五節にあったように、どんなふうにして死人が甦るのか。どんな体をして来るのかという質問をする者がいるということを、パウロが皮肉っているのです。

どんなふうにして甦るのか、どんな体をしているのかという、こんな高級な質問を異邦人はしないのです。異邦人は甦りとか、新しい体で人間が現われるということを、初めから知らないのです。復活の時があることを、日本人は全然知らないのです。甦りということが何のことか分からないのです。

現在目に見える地球はやがて消えてしまいます。火で焼かれてしまうのです。地球にある水が、太陽系以外の星に移動してしまうのです。今現在の地球には水がありすぎるのです。南極と北極には大氷山があり、水が固まっています。この大氷山が全部融けてしまいますと、海水が相当上昇するでしょう。沈没する国も多く出るでしょう。

南極と北極の水は地球にとって多すぎる水です。この水がどこから来たのかということです。多分火星や金星には相当多くの水があったでしょう。その形跡があるのです。川があったような形跡が残っているのです。今は水がありません。その水はどこに行ったのかという疑問が生じるのです。

この疑問は幼児のような疑問ですが、とても重要な質問になるのです。大人の質問より幼児の質問の方が、もっと高級で次元が高いのです。ある幼児がお母さんに聞きました。「指はどうして動くの」「砂糖はどうして甘いの」。この質問に大人は答えられないのです。「砂糖はなぜ甘いの」「塩はなぜ辛いの」。これは次元の高い質問です。この質問を学者はすべきです。

人間はなぜ生まれてきたのか。生まれたいと思わないのになぜ生まれてきたのか。こういう質問ができるようになると、だんだんイエスが分かってくるのです。どんなふうにして死人が甦るのか、どんな体をして来るのか。復活の時が来ると、人間はどんな体になるのか。

異邦人は復活の時が来るのを全然知らないのです。天国へ行きたいと言いますが、死んでから天国へ行って何をするのか。天国へ行ったら夫婦はどうなるのか。親子はどうなるのか。死後の世界はどうなるのか。地球の将来はどうなるのか。文明の将来はどうなるのか。日本人はこういうことを真剣に考えようとしないのです。

人間は皆ユダヤ人の現代思想、唯物思想に引きずり回されているのです。ユダヤ人は唯物思想を本気で信じているのではないのです。

ユダヤ人は神に捨てられたのです。イエスを十字架につけて殺したために、神に捨てられたのです。それなのに、現世の王になりたいために、異邦人のばかさかげんを利用して世界を振り回しているのです。

今の人間は、どんなふうにして人間は救われるのかということを、問題にする人さえいません。パウロの時代には、人間はどんなふうにして救われるかということを問題にしたのです。こういう質問をする人間を、愚かな人間だとパウロは言ったのです。そうすると、パウロの福音観はどんなものであったのかということです。

「どんなふうにして救われるもない。あなたの蒔くものは、死ななければ生かされないではないか」とパウロは答えているのです。現在人間が毎日生きていますが、自分自身の生活を蒔いていることになるのです。人間が生きているということは、種を蒔いていることになるのです。

良いことをすれば良い種を蒔いている。悪いことをすれば悪い種を蒔いている。肉の思いで生きていれば、肉の種を蒔いているのです。霊の思いで生きていれば霊の種を蒔いているのです。人間が生きているのは、毎日蒔いているのですが、蒔いたものが死んでしまわなければ、新に生まれることはないのではないかと言っているのです。

現在生きている自分が生きているままの状態で、どんなふうにして救われるのかということを考えることが、間違っているのです。

人間は死んだらどうなるのか。これは人間が一番聞きたい質問ですが、これを今生きている人間に答えてもだめです。パウロも同じことを言っているのです。「おまえが蒔く所のものは、死ななければ生きないのではないか」。

現在生きている自分を無視するような気持ちになったら、初めて救いが分かってくるのです。ところが、皆様は自分が生きているままの状態で死んだらどうなるかを聞きたいと思うのです。これが間違っているのです。これは愚かな人がすることです。

まず人間は自分が死ぬに決まっていることを、はっきり確認すべきです。その上でこの死から逃れるためには、どうすべきなのかを考えるのです。このままいれば自分は死ぬに決まっているのです。死ぬのが嫌だと思うのなら、どうしたら死から逃れることができるのかということを、真剣に考えるべきです。そうすると答えが与えられるのです。

これに対してパウロは、「朽ちるもので蒔かれ、朽ちないものに甦る」と書いています。現在人間は死ぬべき肉体で生きている。これは種を蒔いていることになるのです。朽ちる人間の肉体の状態で種を蒔いているのですが、これが朽ちないものに甦るのです。甦るということは完成するという意味です。

未完成の人間が生きている生き方を基準にして、どのように完成するのか。肉体的に生きている未完成の人間が、どのように完成されるのであるか。朽ちるものと朽ちないものとがあります。土に属するものと天に属するものとがあるのです。まず、土に属するもので蒔かれて天に属するものに甦るのです。天に属するものとして完成する。これが人間の命運です。

土から出た体、現在の肉体で生きているのは未完成の状態であって、こんなものは人間と言える価値があるものではない。ある哲学者は、「人間は人間になるための過程である」と言っています。人間になるということは、人間を完成するという意味です。

現在の世界は土に属する世界です。地球の上で生物が生息していることは、宇宙的な角度から見ますと、ほんのごくわずかの瞬間的な存在であるにすぎないのです。こんなものが永続的に存在すると考える思想が、虚偽の思想です。虚偽の思想ということは悪魔の思想ということです。

このことを異邦人である皆様はよく考えて頂きたいのです。現象世界に人間の霊魂が出てくるはずがないのです。魂は本来神に属するものです。これが土に属する形で出てくることは、本来あるべきはずがないことです。

あるべきはずがないことが、六千年の間現われているのです。六千年というのは人間の文化が始まってからの時間帯を言うのですが、人間が文化性を持つようになる以前においても、人類はいたのではないかという理屈はありますが、理性を持った人間が出現したのは、六千年前のことです。ここから文化が始まったのですが、それ以前の人間は理性を持たない人類で、ホモ・ファーベルと言われる存在です。

人間は本質的に原罪動物です。無明煩悩の虜になっているのです。死ぬべき人間は無明煩悩の原罪動物です。何を考えても罪の意識から芽生えた考えであるに決まっているのです。

罪の思想、原罪動物であるということをよく考えて頂きたいのです。どんなに善を考えても、どんなに神を考えても、信仰と言ってもすべて人間の原罪から湧いて出たものであって、それが真理であるはずがないのです。

原罪の人間は、全部死んでしまわなければならないのです。イエスは十字架で死んでしまった。イエスの十字架を信じることは、自分が死んでしまうことになるのです。土に属するもの、朽ちるような状態で生きている自分を蒔いてしまうのです。

朽ちるものに蒔かれ、朽ちないものに甦るというように、土につけるものが蒔かれてしまう。

蒔かれたものが死んでしまう。一粒の麦が蒔かれて、その種が死んでしまいますと、麦の芽が出ます。そのように皆様は一粒の麦になって蒔いてしまうのです。自分自身を現世に蒔いてしまうのです。死ぬのを待っていないで自分から死んでしまうのです。

死ぬのを待っていますと本当に死ぬのです。死ぬのを待っていないで、自分から死んでしまいますと、生きるのです。この手段以外に死から逃れる方法はありません。自分から死んでしまうと生きるのです。まず死んでしまえば小心翼々という気持ちがなくなってしまいます。単純率直な人間になることができるのです。言いたいことをずばりと人に言えるようになります。これがへりくだりです。

聖書が言うへりくだりというのは、自分が死んでしまうことを意味するのです。人に頭を下げるとか、丁寧にものを言うのではありません。死んでしまうという気持ちを持たないで、ただ丁寧に言うとか、頭を下げるというのは偽善者です。心にもないことをしているからです。自分を偽らないことが一番いいのです。これが信仰の秘訣です。

朽ちるものと朽ちないものとがあります。土に属するものと、天に属するものとがあるのです。土に属するもので蒔かれて、天に属するものに甦るのです。天に属するものとして完成するのです。

土につける状態で自分自身を蒔くのです。蒔くというのは毎日自分を捨てるという意味です。種を蒔くように自分を捨てるのです。自分の運命を蒔いてしまうのです。自分の運命を自分で握らず、捨ててしまうのです。そうすると、神からの運命が与えられるのです。自分の運命を抱いている間は、神から永遠の生命という一番上等の運命を与えられないのです。キリストという本当の命が与えられないのです。

自分を蒔くのです。自分の命を蒔くのです。種粒のように蒔くのです。そうすると、必ず上からの命が与えられるのです。自分の命を蒔き惜しんでいると、命が与えられません。現在持っている命を、惜しまずに蒔き続けるのです。自分を捨て続けるのです。そうすると、上から神の命が与えられるのです。必ず与えられるのです。

自分の命を蒔き続けても、心臓が動いているという事実はなくなりません。そうすると心臓が動いているのが何であるのかを、上から知らせてくれるのです。皆様は神に生かされているのですから、神に生きるという気持ちを持つのは当たり前です。自分に生きるという気持ちを持つのが間違っているのです。

このように述べている私自身も、自分に生きている感覚はないとは言えないのです。七十年もこの世に生きてきましたから、その感覚は完全に消えるようなものではないのです。とにかく自分が生きていることが嘘だと言い続けていますと、だんだん嘘だと思えてくるようになります。

毎日自分の命を蒔くのです。これが修養です。自分の自尊心を毎日捨てるのです。自分の幸いを毎日捨てるのです。面子を捨てるのです。自尊心を捨てるのです。自分が得になるようなことを捨てるのです。むしろ、自分が損であると思うことをするのです。そうすると、神がその人を助けるようになるのです。本当の命が分かるようになってくるのです。これを日々十字架を負うと言うのです。

土につける人間と、天につける人間と二人の人間がいるのです。第一の人は土に属する者であり、第二の人は天から出た人間です。土から出た人間と、天から出た人間とは全然違うのです。

土から出た人間が天から出た人間になるのとは違うのです。土から出た人間は死んでしまうのです。蒔かれてしまうのです。一粒の麦の種のように死んでしまうのです。そうすると、それから新しい芽が出るのです。新しい芽は蒔いた麦とは全然違う麦です。変身でも変貌でもない、全然別の人間です。

存在ということにおいては一つですが、あり方は別です。存在とは何かと言いますと、「である」ことです。「である」ことが、「がある」になっているのです。自分が自分であることには変わりません。しかし、主観的な状態と客観的なあり方は、全然違ったものになってしまうのです。

肉体的に生きていたものが、霊的に生きるようになるというのではないのです。土に属するものと、天に属するものとは全く別なのです。はっきり別です。

土に属する自分に未練を持ってはいけないのです。昨日の自分に未練を残してはいけないのです。今日の自分だけを見て生きるのです。幸福になろうとか、いい家庭を持とうとかを考えないのです。マイホームという考えが、現代の文明の中で一番下等な考えです。この考えを捨ててしまうと、人間はいくらかましになるのです。マイホームを握っていたら絶対に救われないのです。

捨てがたきものを捨てるのです。一番肉的にかわいがっているものを捨てるのです。これは人によってそれぞれ違いますが、一番大事にしているものを捨てるのです。

神は一人子を十字架につけたのです。神が一番大事にしておいでになった一人子を十字架につけたのです。私たちもまた、一番大事なものを捨てるべきです。自分自身の一人子となるものを捨てるべきです。

土に属する人間と、天に属する人間とは全く別のものですから、この別のものになるためには、一方を捨てなければ、天に属するものになりきってしまうことはできないのです。

福音は絶対です。非常に厳しいものでありますけれど、やる気さえあればなんでもないのです。捨てよという言葉を使いますと、大変辛そうに聞こえるのです。一番大事なものを捨てよと言われると、とても辛そうに聞こえますが、実は捨てた瞬間に、捨てて良かったと思うのです。

実は捨てることこそ本当の喜びです。自分を捨てることが喜びです。未だかつて経験しなかった楽しさ、嬉しさを感じるに決まっているのです。

まず自分の面子を捨てるのです。そうすると面子を持っていた時よりも、ずっとすがすがしい気持ちになるのです。捨てたらすぐに喜びが神から与えられますから、そのことを信じて、土に属する人間を捨てて、天に属する人間になって頂きたいのです。土に属する人間を捨てて、天に属する人間になるということができれば、これは人間だけではなく、地球もそのようになるのです。

人間存在というものは、地球存在の代表です。人間存在が天につけるものになるということは、やがて地球存在そのものが、天につけるものになるのです。地球に新天新地がやってくるのです。皆様は選ばれて地球の先端を進んでいるのです。

皆様が神の子たちの栄光の自由を獲得すると、皆様は肉体に縛られない人間になるのです。肉体に縛られない人間になることが携挙《けいきょ》です。やがて教会が携挙されますと、地球そのものが携挙されるのです。地球が新天新地に変化する。その時、皆様は万物を救うことになるのです。

皆様は自分自身の運命を新しくするだけでなくて、地球の運命を新しくする恐るべき力を持っているのです。天地万物を救う恐るべき力を、神は皆様に与えておいでになるのです。人間の魂はそれほどの値打ちを持つものです。

そこで皆様は、自分一人のことだと考えないで、天地万物を救うためにも、何としても自分自身を土につけるものから天につけるものに、運命を根本的に変更しなければならないのです。そうすれば、地球が新しくなるのです。万物が救われるのです。

これについてはパウロは次のように述べています。

「私は思う。今のこの時の苦しみはやがて私たちに現わされようとする栄光に比べると、言うに足りない。被造物は実に切なる思いで、神の子たちの出現を待ち望んでいる。なぜなら、被造物が虚無に服したのは、自分の意志によるのではなく、服従させた方によるのである。かつ、被造物自身にも滅びの縄目から解放されて、神の子たちの栄光の自由に入る望みが残されているからである。

実に被造物全体が今に至るまで、共にうめき、共に産みの苦しみを続けていることを、私たちは知っている。それだけでなく御霊の最初の実を持っている私たち自身も、心の内でうめきながら、子たる自分を授けられること、すなわち、体の贖われることを待ち望んでいる」(ローマ人への手紙8・18〜23)。

地球と人間は一つのものです。人間が完成されたら地球が完成されるのですから、このことをよくご承知頂きたいのです。

人間の本当の本質がどれほどすばらしいものであるかを、よくお考え頂きたいのです。土に属する人間はただ一人の人間です。死んでしまえばそれまでです。土に属する人間はただ一人のホモ・サピエンスにすぎないが、天に属する人間は驚くべき神の御子です。この生ける神の子であるという自信を持って頂きたい。

自分を捨てれば必ずそうなるのですから、このような崇高な自分、宗教で言う神々よりもっとすばらしい自分を見つけて頂きたいのです。

日本人が神社に祭っている神よりも、皆様の本体の方がはるかに崇高です。ですから、ぜひ天に属するものになって頂きたい。

そうすれば地球それ自体が新しくなるのです。その責任が皆様にあるということを、お考え頂きたいのです。

7. 観自在菩薩

仏典に観自在、観世音という菩薩があります。三蔵法師玄奘の訳ですと、観自在となっています。鳩摩羅什の訳ですと、観世音になります。

これはどちらも同じことであって、観自在とは自在を見るのです。観世音は世音を見るのです。音を見るのです。音は見えないものですが、これを見るのです。

白隠禅師は人間がもし愛憎煩悩から去ってしまえば、誰でも観世音菩薩になれると言っています。そのようにもし人間が愛憎の念を持って、煩悩を解脱すれば完全と言えるのです。世音とは世の音です。人間は現世に生きている以上は、それぞれ自分なりの考えを持っているのです。

現在の政治をどう思うとか、経済をどう思う、教育をどう思うとか、それぞれの意見を持っています。これは世音を見ているのです。その時、その時に世音を見ているし、また、感じているのです。生活のためにそうしているのです。

ところが、般若心経になりますと、生活のためにそうするのではなくて、命のために世音を見ることになります。

人間がこの世に生きているのは、大きな意味があるに決まっています。この世に生まれてきた目的がなければならないに決まっているのです。

今の日本人はそういう目的を考えないで、生活のために生きている。ほとんど全部の人が、そういう考えをしているのです。政治家ならそれでもいいかもしれませんが、人間として生きている以上、自分の人生について責任を持たねばならないのです。

人間がこの世に生まれてきたことが、業《ごう》なのです。これがうるさいのです。業が世音になって見えるのです。若い人は若いように、年寄りの人は年寄りのように、業がついて回るのです。親から受け継いだ業、社会の業、学校の業、何でも生きていると業がついて回るのです。

この業を見極めて、その主体は何であるかを見破って、業を果たしてしまわなければ、死んでしまうことになるのです。

死ぬのは仕方がない。どうせ人間は死ぬと簡単に言いますけれど、死ということが本当に分からないから、すましておれるのです。

本当の観世音になりますと、業の正体が分かるのです。死の正体がはっきり分かるのです。そうすると死ななくなるのです。死ななくなるところまで、世音を見破ってしまう。世音を看破してしまうのです。そうすると死なない人間になってしまうのです。これが本当の観音さんなのです。

自分の世音を見破ってしまいますと、人間の愛憎煩悩が消えてしまうのです。

そうして、愛憎煩悩の向こうへ出てしまうのです。これが般若波羅蜜多です。般若波羅蜜多になりますと、死ななくなるのです。

死ぬのは仕方がないと言いながら、死ぬのは嫌に決まっています。嫌なら嫌とはっきり考えるのです。そうすると死ななくてもいい方法が、見つかる可能性が出てくるのです。

人間は死にたくないのに死ななければならない。死にたくないのに死ななければならないというのは、殺されるということです。日本中の人間、もっと広く言えば、世界中の人間は皆殺されるのです。誰に殺されるのか。人間の業《ごう》に殺されるのです。

死ぬのは人間の業ですが、これを突破することはできるのです。観世音はこれをしたのです。その方法が般若心経に出ているのです。

照見五蘊皆空　度一切苦厄とは、一切の苦厄を乗り越えてしまうこと、死を乗り越えてしまうことです。これが観世音菩薩の所行です。

観世音菩薩は悟りを開いた人の抽象人格です。観世音には誰でもなれるのです。そうすれば、死を乗り越えられるのです。人間は今までの経験に、つい束縛されてしまうような弱点があります。向こう岸へ渡ってしまえば、そういう弱点と関係がなくなるのです。

向こう岸へ渡るとは、別の人間になってしまうことです。今まで生きていた人間が、本当の空を悟ることになりますと、別の人間になってしまうのです。空とは何もないからっぽとは違います。大きな実があるのです。空の実体は宇宙生命の一大事実なのです。

言葉を変えて言いますと、これが真の神なのです。空を見るとは、神を見ることです。観世音を見るとは、神を見るのと同じことなのです。

世音とは人間の業《ごう》であって、自分の業をはっきり見極めますと、自分ではない自分の姿が見えてくるのです。これが観自在です。

観自在とはどういうことか。自在とは自由自在のことで、何ものにも捉われないことです。現在の地球に生まれてきた人間は、自由自在というわけにはいかないのです。地球以外に住む所がありません。例えば、男として生まれた人は、男でなければならないのです。女は女でなければならない。生年月日を変えることはできないのです。現世に生まれたということは、自在ではないことを意味するのです。

地球ができた以上、人間は地球でなければ生きられないようにできているのです。本当の自由自在があるとすれば、地球ができる前のことなのです。地球ができる前には、時間もない、空間もない。従って五十才とか六十才とかいう年齢もないのです。男もない、女もない。これが自在です。観自在とは、地球ができる前の人間に帰るというすばらしい意味もあるのです。

自在の自とは、初めからという意味です。初めとは地球ができる前のことです。今の学者は、四十五億年くらい前、あるいは五十億年前に地球ができたと言っていますが、それ以前には地球はなかったのです。従って、人間もいなかったのです。その時に自在があった。生まれる前の本当の人間の姿が自在です。

この世に生まれて、この世の業の虜になって、男だ、女だ、得をした、損をしたと言っているのは、自在ではないのです。そういうものに関係がない、生まれる前の状態が自在なのです。

観自在というのは、生まれる前の自分を見るという雄大な思想なのです。イエスはこれを見せてくれたのです。

生まれる前の自分が、今ここにいると言ったのです。イエスは、「よくよくあなたがたに言っておく。アブラハムの生まれる前から私はいる」と言ったので（ヨハネによる福音書8・58）、当時のユダヤ人たちは、イエスは気違いだと思ったのです。アブラハムはイエスよりも二千年前にいた人です。それより前からいるとイエスが言ったので、イエスを気違いだと思ったのです。

イエス・キリストは観自在を文字通り実行して見せたのです。

今までの勉強、経験にこだわらないで、幼児時代の気持ちになって、たんたんとして物事を考えるという気楽な人になれば、観自在が十分に分かるのです。

人間に五十才とか七十才という年齢はありません。あると思う方がどうかしているのです。この世に何十年か生きている自分はどこにも存在していないのです。般若波羅蜜多から見れば、そんな人間はいないのです。

禅の歌に、「闇の世に鳴かぬカラスの声聞けば、生まれる前の父ぞ恋しき」というのがあります。生まれる前の自分の魂の状態を見極めることが、本当の悟りであると言っています。禅にはこういう歌がありますが、この悟りがありません。

しかし観自在という人格はなければならない人格です。私たちは観自在にならなければならないのです。そうすると、自分が死ぬという因縁を乗り越えてしまうことができるのです。

業を果たすことはできるのです。業を果たさなければ必ず死んでしまいます。死んだらしまいと思うのは、大間違いです。死んでからが大変なのです。

人間は本来、観自在になるために生まれてきたのです。ところが、商売人になったり、会社員になったり、学者になったり、弁護士になっている。

そんなことのために、私たちは生まれてきたのではありません。商売人や会社員になってもいいのですが、本職は自分の業を果たすことです。生活をするために、ちょっと働いてみようかというだけのことです。

働きながら観世音の道を歩むのでなかったら、何にもならないのです。お金を儲けて、楽しく生活をしながら、観世音になるのです。これは難しいことではないのです。むしろ働くということは立派な道場なのです。

寺で座禅をするより働いている方が、よほど悟りやすいのです。汗水流して働く方が、よほど功徳があるのです。

私たちは現世に生きるためではなくて、観自在になるために生まれてきたのです。その意味で、イエスが生きていた生き方は大変参考になるのです。

釈尊は悟ったが、そのまま死んでしまいました。イエスは死ななかったのです。死を乗り越えたのです。日曜日はイエスが復活した記念日なのです。イエスは歴史的事実において、死を乗り越えたのです。

本当の観世音をしたのです。イエス観世音と言えるのです。千手観世音とか、十一面観世音がありますから、イエス観世音があってもおかしくはないのです。

イエス観世音になったらいいのです。これは歴史的事実なのです。イエスが死を破ったことは、歴史において証明されているのです。これは宗教ではありません。

キリスト教では復活をはっきり説明しません。現在の科学くらいでは、イエスの復活の説明はできないのです。

とにかく、歴史的事実を勉強すれば、私たちも歴史的に死を破ることができるのです。現世で、人間は好きなものを食べて、好きな服を着ることができます。これはぜいたくなことです。神が肉体を持てば、人間と同じ生活をするでしょう。だから、悟りを持つ責任があるのです。世間の人が考えているのと同じ考えでいると、ひどいことになります。この世に生まれてきたのは、それだけの責任を負っているのです。

今までの経験を棚上げして、白紙に戻って、愛憎煩悩を去って、観世音菩薩になるという気持ちを持ったらどうでしょうか。

これをするには仏教だけではだめで、聖書の助けがどうしてもいるのです。

白隠が言っていた観世音と、現在私たちが考える観世音とは違うのです。白隠は死を破るとは言っていませんが、私は死を破る観世音を言っているのです。白隠禅師よりも大きい観世音を勉強しなければならないのです。

8. 人生のカルマ

人生には矛盾と落胆と、悲しみがあるだけです。ところで、私たちの命は、私たち自身のものではないのです。

人間は自分が生きていると思っています。これは私たちの生命を自分自身の立場から考えているのです。だから自分が生きているような主観的な感覚を持っているのです。

私たちの人生というものは、自分が生まれたいと思って生まれてきたのではないのです。また、自分で生きたいと思って生きているのではないのです。

皆様の命は自分のものではないのです。ところが、自分が生きていると思っている。そのように思い込まされているのです。そのために人生は矛盾だらけのような気がするのです。

これはこの世の人間全体の責任です。現世に生きている間に人生の矛盾を解決しておかなければいけないのです。

皆様の命は現世だけのものではありません。これをよくお考え頂きたいのです。皆様の命は現世だけのものではありませんから、そこで困るのです。

例えば、皆様は今日という日をご存じです。昨日という日があって今日があるのです。また、明日があるのです。昨日があって、今日がある。今日に続いて明日があるのです。このことを皆様は知っているのでしょう。だから今日という日を自然に過ごすことができるのです。

もし明日があることが分からなければ、明日があることを認識していなければ、今日の生活は恐らく成立しないでしょう。

このように皆様の人生には生まれる前があったのです。生まれる前に人生があったのです。現世を去った後も人生は続いていくのです。これが命というもののあり方です。

死んでから命があるはずがないと言う人がいますけれど、これは現世の常識的な理屈です。その人がどう思おうが、命の本質は皆様の思うとおりにはいかないのです。

皆様は命を経験させられているのであって、皆様自身が命を左右することは全くできません。皆様は客観的に生かされているのであって、皆様が生まれたいと思って生まれたのではないのです。従って、命は皆様のものではないのです。

命は初めから自分のものではないのです。これが神と皆様との関係です。地球と人間との関係と言ってもいいでしょう。

地球があることが、皆様が存在することの原理になっているのです。地球がなければ皆様の肉体があるはずがないのです。

宇宙があるから地球があるのです。地球があることが、皆様の命があるということです。この原則は曲げることも変えることができないのです。これが神と人間の霊魂との関係です。神と人間の魂との相関関係になるのです。だから認めざるをえないことになるのです。

魂の本質さえ分かれば死ななくなるのです。本当に死ななくなるのです。魂の本質が分からない、命の本質が分からないから、皆様は死ななければならないことになるのです。

自分の人生の本質を捉えることができた人は、精神活動は止まりません。目が見えなくなり、耳が聞こえなくなっても、精神活動は止まらないのです。

命というのは精神活動です。心臓が止まっても、目が見えなくなっても関係がないのです。永遠の命は人間の肉体に関係なく存在しているのです。

地球の命は皆様が死んでも存在しているのです。地球がなくなっても宇宙の大生命はなくなりません。命というものの本質は人間の思想に関係なく存在しているのです。これを神と言うのです。

皆様は現実にこの神と付き合っているのです。付き合っている状態のことを霊と言うのです。だから自分の思うとおりにならないのは当たり前のことです。

家庭も国も、神が存在することを前提として存在するのです。これを当然のこととして弁えて頂きたいのです。これが皆様の霊魂の入口です。

皆様の霊魂が、永遠の命である神の実体に触れるためには、地球が存在することの原理に基づいて、命を考えなければならないのです。

命は初めから人間のものとは違うのです。だから、命の本質を捉えないままで心臓が止まってしまいますと、後から困ることになるのです。

皆様の肉体はやがてなくなりますが、命はなくならないのです。肉体がないままの状態で命だけの状態になってしまうのです。

命の本質は神の本質がそのまま現われているのです。神の実体が分からない状態のままで心臓が止まってしまいますと、命が分からないままの状態でいることになるのです。

死んでも命がありますから、霊魂の裁きという問題は残っているのです。本当の命の実体を弁えようとしなかったのは、無責任極まる状態です。

この無責任極まる状態のしわよせが、死んでから起こるのは、当然のことです。そうなるに決まっているのです。

命の本質は神自身です。これを皆様は今経験しているのです。そこで命を本当に弁えることができた人は、宇宙の主になるのです。

命が宇宙の実体ですから、宇宙の実体を自分でマスターすれば、宇宙の主になるのは当然です。これを霊魂の完成と言うのです。

現在皆様の目が見える間に、命の本質を掴まえるのです。ナザレのイエスはこれを実行したのです。キリスト教はこれが分からないのです。

生きている間に命の本質を捉えるのです。命の本質は神そのものですから、神と一つになってしまうことができれば、その人は死なくなるのです。

人間は自分で生まれたいと思わないのに、自分の命があると思い込まされているのです。人間全体がそのような間違いを思い込まされているのです。

人間の命というものは誰でも自分のものではありません。自分で生まれたいと思って生まれた人は一人もいないのです。従って今いるのは自分ではないのです。

現在皆様が生きている状態を自分で認識するのです。生きているとはどういうことか、何のために生きているのか。この問題が分からない状態ですと、人生を無駄に生きていることになるのです。

人間は生きたいように生きている。食べたいものを食べている。自分がしたいことをしている。そういうことのために人間は生きていると勝手に思っているのです。

生きているということはどういうことか。人間は生まれる前から生きていたのです。また、現実に生きているのです。人間は生まれる前には前世的に生きていたのです。

人生は前世と現世と来世と三つあるのです。昨日があって今日がある。今日の続きに明日があるのです。人間は過去、現在、未来という三つの時間的なあり方を一つのものとして認識しているのです。これを時間と言うのです。

こういうことが人生の業《ごう》です。人生のカルマです。このことをよく弁えて、死んでからのことを現実のこととして考えるようになりますと、来世に対する心配は完全になくなるのです。

現世において、前世と来世とを考えるのです。そうすると死んでからの心配がなくなってしまうのです。これをしないから、心配が尽きないのです。

世間一般の人は現世に生きていて、現世のことしか考えていないでしょう。こういう人は、前世のことが全然分かっていないのです。前世のことが分かっていない人は、来世のことも分かりません。こういう人は死んでから地獄という状態になるのです。

地獄というのは人間の精神的な行き詰まりの状態を言うのです。これはあるに決まっているのです。

昨日のことが分かれば今日のことが分かる。今日のことが分かれば明日のことが分かるのです。

今生きている命の本質をどのように捉えるかということが、生命に関する正しい認識なのです。これが私たちが生かされていることの重大な目的です。キリスト教でも仏教でも、またあらゆる宗教でも、こういうことの説明は一切できません。

こういうことをよく勉強して頂きたい。よく勉強して頂きますと、死ななくなるという意味での人間の命が分かるのです。これが生命に関する正当な認識です。これを神の命と言うのです。

神の命と人間の命とが一つになればいいのです。神の命と一つになるのです。神の命の他に永遠の命はありません。この命と一つになるのです。こういう経験をして頂きたいのです。これはできるのですから、して頂きたいのです。

私の真似をすることは何でもないのです。お聞きになって分からないことがありましたら、どんどん質問して頂いたらいいのです。

禅宗には命が全然ありません。理屈があるだけです。禅宗は理屈を弄んでいるのです。それで分かった、分かったと言っているのです。解脱という言い回しで、勝手に自分の信念に追い込んでいるのです。これは全くの思い上がりです。

こういうことで満足できる人はそれでいいでしょう。できない人は禅の修行を何年してもだめです。

ナザレのイエスは歴史的に実在した人物です。彼は宗教家ではありません。哲学者でもありません。ただの大工の青年です。ただの大工の青年ですけれど、この人は自分が生きている命の本質が、地球が実存する本質と同じものだということを直感していたのです。

自分が生きている命の本質が、宇宙が存在することの本質と同じものだということを直感したのです。そこでキリストになったのです。この他に人間の救いはありません。

これはキリスト教の話ではありません。皆様にもできるのです。皆様が生きている命は、宇宙の大生命と同じものです。月や星を見れば、月や星ということが分かるのです。月や星が分かるということは、皆様方の生命が宇宙の生命と同じものだということを意味しているのです。

ところが、常識でものを考えているために、永遠の命が分からなくなっているのです。だから世間並みの人間のように死んでいくことになるのです。

生きているということを客観的な本質として捉えるのです。自分が自分の命を判断するのではなくて、客観的に自分が生まれてきたということを、冷静に考えてみるのです。

皆様は生まれたいと思わないのに生まれてきたのです。親も産もうとして産んだのではないのです。産もうとしないのに生まれてきた。皆様自身も生まれたいと思わなかったでしょう。人間は勝手に生まれてきたのです。

人間には理性が与えられています。これは宇宙に通用する理性です。時間的にも、過去、現在、未来に通用するのです。空間的にも無限の宇宙に通用するのです。そのように、理性は時間的にも空間的にも永遠に通用するものです。このことを冷静に考えて頂きたいのです。

昨日のことが分かり、明日のことが分かるということは、永遠のことが分かるということです。

皆様は昨日のことが分かり、明日のことがだいたい分かります。これは生まれる前の自分が分かるということです。また、死んだ後の自分が分かるのです。また神が分かるはずです。

命という点においては、皆様はイエスと同じ直感力を持っているのです。だからイエスを信じるのは当たり前です。

イエスと私たちは同じです。私たちもイエスと同じです。イエスと同じ生理機能、心理機能、五官を持っているからです。

皆様は明日のことが分かります。明日のことが分かるということは、死んでからのことが分かるということです。大きい気持ちになって、こういうことを考えて頂きたいのです。

私たちは肉体を与えられているので、命を具体的に捉えることができるのです。人間は生という問題、死の問題を把握するために、肉体を与えられたのです。肉体を持つことによって、本当の生を捉えることができるのです。こういう人は、神の命に与ることができるのです。

これを聖書は救いと言っています。キリスト教でいう救いではありません。神の救いに与るのです。神の命に同化するのです。天国へ行くのではありません。天国へ行って昼寝をするというばかな話ではありません。

生きている間に、心臓が動いている間に、自分の命が神の命と同じであることを認識することができる状態を、救いと言うのです。これができる人は死ななくなるのです。

命の本質は生と死とは関係がないのです。天地に生きている命は、宇宙の命そのものですから、生まれる前の命が現実に生きている命になっているのです。

例えば、性という問題は生まれる前の命です。生まれる前には性があったのです。創世記二章、三章がセックスの原理になっています。

この原理が肉体を持っている皆様に、全く曲解されてしまっているのです。全く誤解されてしまっているのです。

今皆様がしているセックスは、人間が考えたセックスであって、本当の命のセックスではありません。人間が考えるセックスを正当であると考えることは、罪を犯しているのです。

皆様の命は神の命と同じです。これを弁えることです。自分が生きている状態が、神が生きているのと同じであることをそのまま認識したら、皆様の考え方が根本から変わってくるでしょう。

神と同じ状態で生きているということが分かってくれば、セックスが分かってくるのです。肉は人間の業《ごう》です。霊が人間の本質です。霊に従って歩むことができさえすれば、人間の迷いは消えてしまうのです。

そうすると、現世で悟った状態がそのまま永遠に通用するのです。これをとこしえの命、永生というのです。

皆様が現世に生きている間に、自分の心のあり方を明々白々にしてしまうのです。そうして、人間の霊魂とはどういうものか、肉体というものはどういうものかを、はっきり認識するようになりますと、永遠の命の実質を現世に生きている間に捉えることができるのです。

現世において命の実体を正しく認識して生きた人が、ナザレのイエスです。現世において神を生きるということ、人間の命の本質は神の命の本質だと考えて生活したのがイエスです。イエスは神と一緒に生きていたのです。こんな人はめったにいません。

普通の人間が神と一緒に生きるのはなかなか難しいのです。だから、イエスを信じて彼の功績によって何とか認めてもらうしかないのです。私たちの実力はイエスほどではないのです。イエスの実力によって同様に見てもらうしかないのです。

皆様が生きている命が神そのものです。皆様の目が見えること、耳が聞こえることが神そのものです。ところが、人間は目が見えることが神そのものだとは思えないのです。自分が生きているど思っているからです。ここがイエスと人間の違いです。そこで、イエスを信じることが必要になってくるのです。

イエスのように完全に神と一つになっていた人は他にはいないのです。お釈迦さんもだめです。神を信じていなかったからです。肉体を持っている人間は、完全な生活を実行するということができません。今日以後に実行できたとしても、今日までの間違いがあるのです。これをどうすることもできないのです。

従って、人間の過去、現在、未来の三つの問題を神の前に完全にするためには、ナザレのイエスの命を勉強するしかないのです。

イエスは弟子たちに、「エルサレムを離れずして、イスラエル、ユダヤ全土、サマリアまで福音を述べ伝えよ」と言っています（使徒行伝1・4〜8）。日本にまでとか、イギリスまでとか言っていません。これは重大なことです。これがキリスト教では分からないのです。

エルサレムを離れずして、イスラエル全土、サマリアに福音を述べ伝えよと言っている。私は日本に福音を伝えることが目的ではありません。使徒行伝の一章に同調したらいいのです。聖書に同調したらいいのです。

イスラエル及びユダヤ全土が救われればいいのです。そうしたら、神の国が全世界に実現するのです。

エルサレムを離れずしてと言っているのはなぜかと言いますと、エルサレムは神の都であって、エルサレムのことを忘れるようでは、本当の聖書の真実は分からなのです。

世界中のキリスト教で、エルサレムのことを忘れないで本当のキリストを説いている人間はいません。私たちしかいないのです。

私はエルサレムを離れないで、イスラエルとユダヤ全土のユダヤ人に福音を伝えることを目的にしているのです。ユダヤ人さえ目を覚ませば、全世界に神の国が実現するのです。私はこのことを確信しているのです。使徒行伝の初めに、このような確信が神の方から出されているからです。この神の確信を私は実行しているのです。

エルサレムを離れずと言っているのは、エルサレムにユダヤ人の中心が置いてあることを考えて、まず第一にエルサレムにいる人々が救われなければならないのです。ユダヤ人が神の国を信じなければならないのです。アメリカ人とかイギリス人やフランス人、ドイツ人は問題ではないのです。

本当に神の国が実現するためには、ユダヤ人に福音を伝えなければならないのです。このことが全世界のキリスト教の人々に分かっていないのです。だから、私はキリスト教はだめだと言っているのです。

エルサレムという神の都を頭に置いて、イスラエルを中心にして聖書を見なければ、本当の福音を説けるものではないのです。イエスはこれを強調しているのです。

エルサレムというのはイスラエルの首都であるだけではなくて、全世界の人間の霊魂の首都です。肉体人間の首都は世界にそれぞれありますが、霊魂の首都はエルサレムです。エルサレムを離れずしてというのは、ユダヤ人問題の中心にがっちり立って、ユダヤ人問題という考え方を踏まえて、聖書を見ていきなさいという意味です。

ユダヤ人問題を踏まえて、エルサレムを離れずして神の約束の本家であるエルサレムをはっきり踏まえた状態において、神の約束を正しく踏まえるのです。これをしっかり踏まえて、宗教ではない聖書を正しく伝えることが神の目的なのです。

そこでエルサレムを離れずしてと言っているのです。

皆様は人間的に考えますとユダヤ人ではありません。ユダヤ人問題は人種の問題であるとも言えますけれど、実は血液の問題なのです。これが分からないのです。

日本人にはユダヤ的な血液が入り込んでいるようです。日本の中心にユダヤ人の血液が非常に濃厚に入り込んでいるのです。

エルサレムを離れずしてという言葉と、日本の関係はどうなるのかということです。エルサレムは千年王国の都になるのです。全世界の中心になるのです。

全世界に神の国が実現する時に、世界平和が実現する時に、エルサレムは世界の首都になるのです。これを踏まえて聖書を勉強しない者は、キリスト教になってしまうのです。

神の国が実現する直前には、キリスト教は全部潰れてしまいます。エルサレムを離れないで、ユダヤ人を離れないで説かれる福音が、神の約束に基づく本当の福音です。これが世界でただ一つの神の福音です。

皆様はユダヤ人ではありませんが、ユダヤ人のような人です。私の話に興味が持てるというのは、霊魂の本質が神の民であるということを証明しているのです。

この意味で、エルサレムを離れずしてと言うのは、皆様に福音をお話ししていることと、同じ意味になると考えてもいいのではないかと思うのです。

神の問題、永遠の生命の問題をこのように勉強しようとお考えになるのは、皆様は人間ではなくて霊魂なのです。これは神が皆様のことをエルサレムというような形で見ておられることになるのです。だから皆様も霊魂を考えて頂きたいのです。

皆様が生きておいでになる状態を冷静に見て頂ければ、魂になるのです。人間が肉体的に生きている状態を客観的に見れば、魂になるのです。

私がお話ししているのはキリスト教ではありません。神の言葉に基づいて、神の経綸に基づいて、本当のキリストの命を説いているのですから、そのようにご承知頂きたいのです。

9. キリスト

聖書は個々の人間の救いとか悟りを説いているのではないのです。個々の人間が救われるか、救われないかを中心に考えますと、どうしても宗教になってしまうのです。

キリスト教の間違いはそういう所から出発しているのです。

イエス・キリストが十字架にかかって死んだことが、すべての人が死んだことであるということが、分かったようでなかなか分からないのです。

キリストということが異邦人には理解できないのです。キリストというのは特殊な思想です。これは約束の民しか分からないことです。現在ではユダヤ人もキリストを知りません。

ユダヤ人が知っているキリストは、彼らは宗教的な教義としてのキリストですが、歴史的に現われたキリストを全く知らないのです。

ユダヤ教の教義というのは歴史から浮き上がっているのです。従って、ユダヤ人の立場から考えますと、キリストは歴史とは別のものです。宗教と歴史は別のものだという見解になるのです。

他方キリスト教の方を考えますと、キリストが歴史の実体だということが分からないのです。キリストそのものが歴史の実体を意味するのだということが分からないのです。

キリストというのは歴史全体の代表を意味するものです。人間の歴史の代表を意味するものが、聖書のメシアです。ところが、異邦人には人間全体を代表するキリストが分からないのです。異邦人の方から考えますと、イエス・キリストという一人の人間、ナザレのイエスという一人の人間が、全人類を代表するものだということが、どうしても分からないのです。

異邦人から見れば、イエス・キリストが人類を代表する存在だということが分からないし、ユダヤ人から考えれば、ナザレのイエスが全人類を代表するものだということに、合点ができないのです。両方共分かっていないのです。

皆様には個々の人間があるような気がするらしいのです。固有名詞の人間とイエスとの関係が分かったようで分からないのです。

固有名詞の人間の罪をユダヤ人であるイエスが背負って死んだということが、なかなか分からないのです。理屈はそうかもしれないのですが、実感的にはどうも納得できないのです。だから贖罪論というものが、宇宙に浮いた神学論になってしまうのです。そこで創世記の勉強をして頂きたいのです。

聖書は何であるかということです。ローマ人への第二の手紙の第五章に書かれていることは、すべて事実です。事実ですけれど、これを一つ一つ取り上げて論証しますと、却って分からなくなるでしょう。これには綿密な哲学性と宗教性とが必要になるのです。

宗教哲学の理論性を考える前に、まず皆様は聖書六十六巻を概括的に捉えるという方法を取って頂きたいのです。

聖書は一体何なのか。何を書いているのかということです。聖書は地球ができてから消滅するまでのことを書いているのです。地球存在が生まれること、またそれが消えてしまうことを書いているのです。

地球が存在する前に一つの世代があったことを書いているのです。現在の地球ができてからのことは、創世記の第四章から書いているのです。

創世記の第四章からが、地球ができてからの記憶になっているのです。ヨハネの黙示録の第二十二章には、地球が消えてしまって、完全無欠の新しい地球ができることを書いているのです。これが聖書の内容です。

人間が救われるか救われないかということは、小さい問題です。今の物質的な地球が消えてなくなってしまうことを理解できた人だけが、地球の歴史を乗り越えて生き残ることができるのです。

聖書六十六巻を理解することができると、地球存在全体が分かるのです。従って、人間の歴史全体が分かるのです。

日本とかアメリカとかいう小さい問題ではないのです。二〇一五年現在で、世界に七十一億人の人がいますが、この人類歴史がどうなるかという小さい問題ではないのです。

シリアでは化学兵器によって千五百人が殺されたことが、世界中で大きな問題になっていますが、そういう小さな問題ではないのです。

地球が始まってから、地球がなくなってしまうまでのことを聖書は書いている。それを皆様が公明正大な感覚で理解して信じることができたとしたら、皆様は地球存在の主として、永遠に生きることができるのです。

地球存在を貫いて、地球存在の中心的な命題として、永遠に展開するテーマをキリストと言うのです。これを信じるか信じないかということが問題です。自分の罪がどうなるかという小さな問題よりも、聖書全体の大きいテーマを捉えるという、太っ腹な考えを持って頂きたいのです。

こういう大きい考え方を持って、これを具体的に理解するためには、現実における自分自身の古き人、罪という問題、セックスの問題を考えていかなければならないのです。

「神の国と神の義を求めよ」とイエスが言っています。この考え方からキリストを捉えることが必要なのです。自分の救いがどうなるかということを中心に考えますと、どうしても神学的な命題に捉われてしまうのであって、宗教哲学の虜になってしまいます。そうすると、イエスの本体が分からなくなるのです。

聖書に次のようにあります。

「あなたがたはすでに死んだものであって、あなたがたのいのちは、キリストと共に神のうちに隠されているのである。私たちのいのちなるキリストが現われる時には、あなたがたも、キリストと共に栄光のうちに現われるであろう」（コロサイ人への手紙3・3、4）。

現実に肉体的に生きている皆様は、霊的に見れば既に死んでいる者になるのです。キリストと共に生きているのです。キリストにおいて生きているのです。キリストと共に生きたり死んだりしているのです。

キリストの栄光がやがて現われることになるのですが、その時にあなた方の栄光も現われるのだと言っているのです。

今生きている皆様は本当の姿ではないのだと言っているのです。

キリストを勉強するのです。キリストが栄光のうちに現われる時に、皆様の栄光も現われるのです。

皆様の命はキリストと共に神のうちに隠れているのです。キリストが分からない状態で、いくら自分の命のことを考えてもだめです。

皆様の命はキリストと共に神のうちに隠れている。だから、キリストと神との関係を知ることが、第一なのです。キリストと神との関係を知れば、自分の命のあり方は勝手に分かるのです。

やがてキリストが再臨します。キリストの栄光が現われる時に、あなた方にも救いの栄光が現われるとあるのです。現実に生きているあなた方自身のことは、考えるなと言っているのです。

キリストを信じるということは、キリストを知ることです。

「永遠の命とは、唯一の誠の神でいますあなたと、あなたがつかわされたイエス・キリストとを知ることであります」とあります（ヨハネによる福音書17・3）。

イエス・キリストを知ることが永遠の命なのです。イエス・キリストを知ることがとこしえの命ですから、自分がとこしえに生きなければならないのではないのです。

イエス・キリストが分かれば、勝手にとこしえに生きているのです。とこしえの命はキリストを離れてあるのではないのです。

実は釈尊はこれを見たのです。釈尊はキリストを見たのです。明けの明星というのは、復活したキリストのことです。キリストを見て、現在生きている人間はすべて空だと言ったのです。これが般若心経の思想です。

釈尊は人間はすべて空だとはっきり言ったのです。今生きている人間は、息をしている形はあるけれど、実は全部死んでいるのです。これが釈尊の説です。

人間は死んでいる。キリストは生きている。これが釈尊の説です。だからキリストを知ることです。

とこしえの命は、唯一の誠の神とイエス・キリストを知ることだと言っているのです。これをするのです。キリストを知ることに、もっと鋭角的な感覚を持って頂きたいのです。

キリストを知ることが必要です。自分が救われたという気持ちを捨てるのです。自分が救われようが救われまいがどうでもいいのです。キリストさえ分かれば勝手に救われるからです。

キリストが救いです。キリストが救いですから、キリストが分かれば勝手に救われるのです。これが聖書の結論です。

聖書は地球が始まって終わるまでのことが書いてあるのです。聖書を勉強してこれが分かった人は、地球が終わってから後に、新しい天地が現われるのですが、そこの住民になることができるのです。

このことが理解できた者は、新天新地に生きることができるのです。これをとこしえの命と言うのです。聖書六十六巻はそれを書いているのです。

自分が生きたり死んだりすることはどうでもいいのです。

地球は今から四十五億年前にできたと言いますけれど、この地球はやがてなくなってしまうのです。そうして、新しい天地ができるのです。この全体を取り上げているのが聖書です。聖書が分かれば地球の運命を貫いて、皆様自身の命が永遠に輝くことになるのです。これを私たちは勉強しているのです。

創世記の一章は、二章、三章より後から書かれたものでありまして、二章、三章はモーセの時代に書かれたものですが、一章は後代にエレミアの時代に書かれたようです。二章、三章で足りない点を補足するために書き添えられたと考えられるのです。

書き添えられたのはいいのですけれど、書き添えられたことによって、現在の人間にとっては却って混線してしまっているように思える所があるのです。

一章の男と女との関係と、二章のアダムとエバとの関係がどうなるかということです。これはなかなか難しい問題です。

二章のアダムとエバの問題は、一章の男と女の問題とは違うのです。別の問題です。はっきり別の問題と言えるのです。関係はありますけれど、同じことを取り上げているとは言えないのです。

ユダヤ人は創世記の一章をほとんど読んでいないようです。

キリスト教を教えている人でも、それを綿密に理解している人はほとんどいないでしょう。

一章二十七節に出ている女（female）と二章二十三節の骨の骨とは同じではないのです。

一章に二十七節の女はただのフィメールであって、この場合の女は、骨の骨を意味しないのです。

創世記の二章、一章二十七節の男と女は、現在の男と女を指すものと考えられるのです。一章は現世から見た前世です。三章は前世だと考えて頂きたいのです。このように考えたらいいのです。

空というのは人間の考え方が虚しいという意味であって、創世記で言いますと、二章の終わりの男女のあり方の感覚が空観と言えるでしょう。

現在の男女間のセックスの見方を空じてしまうのです。そうすると前世的な見方になるのです。陥罪以前の見方になるのです。そうすると、二人共に裸にして恥じなかったという状態になるのです。これが空です。

前世の状態を現世で見ることです。例えば自分の肉体のあり方を前世的な意識で捉えると、空になるのです。

地球存在を前世的なあり方で捉えますと、空になるのです。空というのはそういう意味で、霊を意味するのです。空と霊は同じ内容を持っているのです。

創世記の二章の終わりに書いている男女のあり方は、そのまま空なのです。創世記二章はこの世に生まれる前のあり方を意味するのです。

この世に生まれてからの自分の常識を捨ててしまえば、空になるのであって、生まれる前の裸にして恥じざりきと同じ状態になるのです。

イエスは神に生きるという状態において、自分のセックスを空じていたに決まっているのです。こういうことが言えるのです。

般若心経の五蘊は色受想行識の五つに分解して説いているのです。物があるように見えることが色蘊です。目で見たとおりのものがあると考えられる感覚を色蘊と言っているのです。

それを受け取ったものが、自分の想念になる。想念が行いになる。行いが常識、知識になるのです。これがいわゆる五蘊です。

五蘊が人間の命になっているのです。皆様の命は五蘊です。皆様は目で見たとおりの気持ちを持っています。その気持ちで生活しているのです。これが人間の命のあり方になるのです。これが五蘊です。これが空だと言っているのです。

皆様が生きている命は、色受想行識です。これが現在の人間の精神構造を意味するのです。人間の命の実体、実質は精神構造のことです。悔い改めるというのは、精神構造を新しくすることです。そうすると、新しい命になるのです。

般若心経は五蘊が皆空だと言っています。だから、人間の肉の思いを捨てるのです。そうすると、新しい色、受、想、行、識ができるのです。霊の色、受、想、行、識ができますと、霊の命ができるのです。そうすると、新しい見方が自然にできることになるのです。これを勉強して頂きたいのです。

念仏とは何かです。仏を念ずるとは自分自身を念じないことです。ところが、浄土真宗は間違えているのです。

念仏は仏を念じることであって、この場合には自分自身が空になって仏を念じることが念仏です。自分自身が生きていて、自分が成仏するために仏を念じるというのは、宗教観念です。

本当の念仏というのは己を捨てて、己が虚しくなって、己を空じて、自分自身が空っぽになって、仏だけを念じることです。

現在の他力本願では、これがすっかり間違えられているのです。法華経も同様です。法華経の第一巻、第二巻、第三巻には、空がしっかり書かれているのです。現世に生きている人間が空であることを、はっきり書いているのです。これを踏まえて火宅煩悩の教えを説いているのです。

現在の仏教は釈尊の空を踏まえるという形を取ってはいるけれど、日本の仏教はそれを重視していないのです。私はここが悪いと言っているのです。

法華経は空を重んじているけれど、法華経を宣伝している宗教が空を信じていないのです。日本の法華経のお坊さんが、法華経どおりに教えていないのです。

念仏でもそのとおりです。念仏するということは、仏を念ずることであって、己自身の救いを念ずることではない。こういう点が間違っているのです。

本当の釈尊の空というのは、己自身のことを一切考えないことです。これが釈尊の本当の空です。般若心経はこれを説いているのです。

ところが、般若心経が日本では正しく説かれていないのです。般若波羅蜜多が正確に説かれたということは、日本ではないのです。

日本では般若波羅蜜多が付け足しになっているのです。仏典の経文の付け足しに般若波羅蜜多が扱われているのです。これは般若心経を軽んじたり、弄んだりしていることになるのです。

般若心経は日本に長い間ありましたけれど、本当に読まれたことはなかったのです。

般若波羅蜜多が釈尊の本当の思想です。

聖書は現世に生きている自分を捨てることを言っている。自分を捨てて、新しい人を着よと言っているのです。これが新約聖書の教えです。

自分を捨てなければ新しい人を着ることはできないのです。皆様は現在固有名詞の状態で聖書を勉強しておいでになりますが、これが間違っているのです。まず自分を捨てるのです。

固有名詞の自分が聖書を勉強している。山田太郎という固有名詞が聖書を勉強している。固有名詞の人間は絶対に救われません。

固有名詞の人間は現世に生きている人間です。現世に生きている人間はキリスト教の勉強をしたらいいのです。ところが、キリスト教の教義は嘘です。

キリスト教の牧師は、イエス様を信じたら死んでから天国へ行くと言います。これははっきり嘘です。死んでから天国へ行くということは聖書には書いていないのです。

「生きていて、私を信じる者は、いつまでも死なない」とイエスははっきり言っているのです(ヨハネによる福音書11・26)。ところが、キリスト教の牧師は、必ず死んだら天国へ行くと、死ぬことを容認しているのです。

また、イエスは、「水と霊とから生まれて、神の国へ入れ」と言っているのです。神の国へは生きている間に入るのであって、死んでから行く所ではないのです。

キリスト教の牧師は嘘を言っているのです。キリスト教なら固有名詞の人間が救われると言うでしょう。聖書はそういうことを絶対に言っていないのです。山田太郎という固有名詞の人間が救われることはあり得ないことなのです。

山田太郎という固有名詞を持った人間が、聖書を勉強しているのです。これをやめて頂きたいのです。

皆様はこういう過ちに誘われやすいのです。現に誘われているのです。皆様は現世に生きている固有名詞の人間を自分だと思っているでしょう。

これはこの世に生きている自分です。この世に生きている自分は絶対に救われません。これはキリストの十字架によって死んでしまったものです。死にたるものです。

死んでしまっている者は救われるはずがないのです。これを教会ではっきり言いますと、信者が集まらなくなるのです。だから、牧師は言わないのです。だから死んでからと言ってごまかしているのです。嘘を言っているのです。死んでから天国へ行くと言うのは全くの嘘です。

生きているうちに神の国を見るのです。また、神の国に入るのです。

「汝らまず神の国と神の義を求めよ」とイエスが言っています（マタイによる福音書6・33）。生きている人間に向かって、生きている間に神の国へ入れと言っているのです。

皆様は現世に生きている状態で、神の国の実物を掴まえるのです。そのためには、固有名詞の自分、現世に生きている自分を解脱する必要があるのです。

こういう言い方をしますと大変難しいように思えますが、固有名詞の皆様と皆様の魂とは、何の関係もないのです。聖書の勉強をするのは魂であって、魂には名前はないのです。

皆様は霊的に考えるということが、全くできていないのです。こういうことの訓練ができていないので、現世に生まれて、役所の戸籍台帳に登録されている自分を自分だと思っているでしょう。この自分は現世の行政上の自分です。

現世における行政上の人間と、神との係わりがある人間の魂とは全然関係ないのです。魂というのは皆様が鼻から息を出し入れしているという事実を言っているのです。皆様の心臓が動いているという事実は、固有名詞に関係がないのです。

山田太郎も、加藤清正も鼻から息を出し入れしているという事実には関係がないのです。従って、固有名詞に関係なく、自分の利害得失を考えないで、自分が救われたいという根性を捨てて、冷静に、生きているという事実だけに基づいて聖書を見るのです。

この作法を忘れて聖書を勉強してもだめです。固有名詞において個人的な認識と、個人的な利害によって聖書を勉強してもだめです。

こういうことができるかできないかを考えるよりも、そうしなければならないと考えて頂きたいのです。

皆様の命というのは皆様の精神構造です。命というのは心臓が動いていることではありません。心臓が動いているということは呼吸機能の問題です。呼吸機能の問題は生命に関係はありますけれど、皆様の生命の原点となるものは皆様の精神構造です。

心の持ち方が皆様の命の本体です。心の持ち方さえはっきりしていますと、心臓が止まっても命はなくならないのです。

精神構造そのものが命です。「肉の思いは死であり、霊の思いは命である」という言葉が聖書にありますが（ローマ人への手紙8・6）、人間の精神によって死んだり生きたりするのです。

皆様が世間並みの人間の精神を持っていれば、必ず死んでしまいます。今まで皆様が持っていた精神は、必ず死ぬに決まっている世間並みの精神です。

世間並みの常識を持って常識に生きている人は、必ず死んでしまいます。常識を捨ててしまって、常識ではない精神を持てばいいのです。これを信仰というのです。信仰とは何かと言いますと、魂が生きている状態をいうのです。例えば何かを食べている時に、甘いとか辛いとかを感じるでしょう。感覚している状態が魂の精神構造です。

甘いものを見て甘いと感じる。丸いものを見て丸いと感じる五官の働きが、皆様の精神構造を意味するのです。これは前世からの精神構造の続きです。これが魂の働きです。魂が救われたらいいのです。

ところが、皆様は魂として生きないで現世の常識で生きているのです。これが間違っているのです。

皆様は現世の常識で生きているのです。だから、聖書の勉強が難しいとか、私の言うことが難しいと思われるのです。

勉強がしにくいとか、難しいと思うのが般若心経の五蘊です。生きている人間の気持ちです。この世に生きている人間の気持ちというのは、前世の人間の気持ちではありません。この世に生まれた人間の気持ちです。

この世に生まれた人間の気持ちは、罪人の気持ちです。罪人の気持ちを持ってしまったので、死ぬに決まっているのです。聖書は罪人の気持ちを捨ててしまいなさいと言っているのです。「古き人を脱ぎ捨てて、新しい人を着よ」と聖書は言っているのです（エペソ人への手紙4・22〜26）。このとおりにしたらいいのです。これはなかなか簡単にできないことかもしれませんが、これをしなければ皆様は死ぬべき方向から、とこしえの命の方へ転換することはできないのです。

宗教は嘘ばかり教えています。宗教でいうやりやすいこと、やさしいことは嘘です。キリストの贖いを信じれば救われるという言い方は嘘です。

皆様の魂の眼が開かれなければだめです。魂の眼が開かれるとはどういうことかと言いますと、五官が開かれることです。目で見ていること、耳で聞いていることが、そのまま命の言を見ているのです。聞いていることが、命の言《ことば》を聞いているということが意識的に理解できなければいけないのです。

現在皆様が見ているのは、命の言です。これを見たり聞いたりしているのです。

皆様が生きているのは、命の言に触れているのです。だから生きているということの実体を把握するのです。心臓が動いているから生きているのではありません。精神構造が神の命の言に触れているから生きているのです。

皆様の精神構造が神の言に触れるようにして頂きたいのですが、まず第一に人間としての精神ではなくて、魂としての精神に目覚めることが必要です。固有名詞の自分ではなくて、魂としての自分に目覚めることです。

魂に目覚めるためにはどうするかと言いますと、霊的に見るということが必要です。固有名詞の自分の利害得失に捉われないで、自分という気持ちを脱ぎ捨てて、生かされているということを中心に考えるのです。冷静に綿密に考えるのです。こういうことを自己訓練したらできるのです。

これはしようと思えば十分にできるのです。世間並みの人間ではなく、生きているそのものとしての人間として生きるのです。生きているということは霊です。リビング（living）ということは霊です。霊なる自分を見るのです。

神に生かされているのが霊魂です。魂である自分に目覚めるのです。世間で商売をしているとか、会社勤めをしている自分とは違います。固有名詞の自分ではない、生きている自分を見るのです。お茶を飲んで味わっている自分です。この自分が神に結びつくためには、魂の目覚めが必要です。

自分に対する考え方を変えるのです。これを悔い改めると言うのです。花が咲いているとしますと、花が咲いていることが神の国です。

花が咲いているということが何を現わしているのか。皆様は生まれる前に前世にいたのです。皆様の魂は生まれる前に前世にいたのです。皆様は前世にいた時に花を見ていたのです。

花が咲いているというのは神の国が現われているのです。イエスが神の国を求めよと言っているのは、現世で花という格好で神の国があるのですから、その中に入ったらいいのです。

これは花だけではありません。芋の味とか、大根の味、カボチャの味、牛肉の味、魚の味はすべて神の国です。味とか色、形、香りはすべて霊であって、霊なるものは神を現わしているのです。これが神の国です。

だから、神の国を求めるのです。神の国と神の義を求めるのです。

皆様が現在生きているのは、おいしいものをが食べたいからです。きれいなものが見たいからです。皆様の霊魂は神の国を求めるのですけれど、固有名詞の人間が間違っているのです。皆様の魂は正確に神の国を求めているのですけれど、皆様の自我意識はそれを求めていないのです。

皆様の魂は、これはおいしい、これは美しいというように、味とか、色とか、形、香り求めているのですが、皆様の常識が悪いのです。

常識というのは碌でもない理屈を並べて、がたがたと文句を言っているのです。これが間違っているのです。

現在の学理学説はユダヤ人が造った理屈ばかりです。どうでもいいことを学問と言って祭り上げているのです。こういうユダヤ主義に人間は洗脳されているのです。これを脱ぎ捨てて霊に従って見るのです。

五官に従って神の国と神の義を求めるのです。

10. 明けの明星

釈尊の悟りの要点は、未だかつて日本では正確に説かれたことがないのです。釈尊の悟りの内容があまりに遠大であるために、悟りの内容がそのまま説かれたのでは理解できないので、釈尊の悟りの内容を理解させるために、分かりやすく現在の人間が生きている状態を主体的に説いたのです。現在の人間が生きている状態に基づいて、彼が見た所の悟りの内容を知らせるために説明したのが仏典です。これが仏教になっているのです。

釈尊が悟りを開いた時に直感的に分かったことは、伝えられるところによりますと、いわゆる華厳浄土の思想です。華厳浄土の思想というのは、豪壮な思想でありまして、現在までにまだ現われていない荘厳な世界です。

これは言われても分からないのです。浄土そのものが華厳世界です。これを説明しようとしたら形容詞ばかりになるのです。

形容詞ばかりの説明をされても、ああ立派なものだ、ああすばらしい、大したものだという言葉ばかりになるのです。大したものだ、立派なものだということは分かりますが、立派とは一体どういうことなのか。大したとはどういうことなのか。すばらしいとはどういうことなのか分からないのです。

死んでいくに決まっている人間に、死んでいかないすばらしい世界のことを説こうとしたのです。説いても説いても、すばらしい、すばらしいというような形容詞ばかりを羅列することになったので、聞いている人はただぽかんとしてしまったのです。

釈尊はこれではいけないと思ったのでしょう。方向転換をして、分かりやすいことを説いたのです。人間はこの世に生きているけれど、人を憎んだり嘘を言ったり、インチキをしたりすることが間違っているということを話し始めたのです。これが阿含経です。

華厳経と阿含経とでは全然違うのです。釈尊は考えたのです。現世に生きている人間に教えるためには、現世に生きているようなことを教えなければいけないことになる。華厳浄土というのはやがて現われる彌勒の世界です。

彌勒の世界は釈尊の悟りの中に煌めいてはいるけれど、釈尊自身がその世界へ具体的に行っているのではないのです。

釈尊は直感したのですけれど、その世界へ入ったのではないのです。明けの明星によって来たらんとする世界があることを悟ったのです。明けの明星というのは、やがて現われるべき太陽の直前に出る星です。

やがて現われる太陽は新しい世界を意味するのです。釈尊は夜明けを直感したのです。明星を見たということは、夜明けを直感したのです。

何を直感したのかと言いますと、現在の地球は仮の姿の地球であって、太陽系自体も仮のものであるということです。物理的に存在する地球は、一つの世代にすぎないということです。

物理的に存在するものは絶対的なものではないのです。物理的に存在するということ自体が、暫定的なものであるということを意味しているのです。これを釈尊は空と言っているのです。

やがて来たらんとする輝かしい彌勒の世界は暫定の世界ではない。恒久の世界です。釈尊は恒久の世界があることを悟ったのです。だから、暫定の世界が空であることがはっきり分かったのです。そこで般若心経にあるように、色即是空、五蘊皆空と言っているのです。

五蘊皆空というのは、人間の知識、常識は空である。死んでいく人間の思想は、全部五蘊だということです。これが空なのです。

ところが、釈尊は実という世界、彌勒の世界の説明ができなかった。説明のしようがなかったのです。釈尊は彌勒の世界を直感したのですけれど、見たのではないのです。その世界に入っていないのです。

彌勒の世界が必ず来るに違いないということは分かったけれど、それを具体的に見ていないのです。そこで彼は現実の世界を離れてしまうことを強調したのです。それが彌勒の世界を直感する基本であると考えたのです。これが仏法になっているのです。

仏法の教えというのは、現世の人たちに来たらんとする華厳浄土の世界に到るべき心構えを説いているのです。心構えを説いていますが、華厳浄土そのものを説いてはいないのです。

釈尊の悟りの本当の内容は、日本に全然伝わっていないのです。明けの明星の内容は何であるかということは、日本では分かりません。釈尊は明けの明星を見て悟ったとは言うけれど、その内容が分からないのです。

明けの明星を見たというのは仏法です。仏法が日本にはないのです。釈尊は現世の人に対して、現在生きている人間は死んでいく人間であるから、現世にこだわりを持ってはいけない。現世に執着を持ってはいけないということを、色々な角度から説いています。これが仏法です。日本には仏教はありますけれど、明けの明星によってやがて現われる来るべき世界がないのです。釈尊自身がそれを見ていないから、言いようがなかったのです。

華厳経にはその一部が出ていますけれど、大半は形容詞で終わっているのです。しかし明けの明星の思想がほんのわずかですが、垣間見ることができるのです。

ヨハネの黙示録の二十二章十六節に、復活後のイエスが、「私は輝く明けの明星である」と言っているのです。正確には、私は輝くものである。明けの明星であると二回言っているのです。イエス自身が私は明けの明星であると言っているのです。

これが釈尊が見た本当の内容であると思われるのです。釈尊とイエス・キリストとの連関関係が、全世界の宗教家、哲学者に全然分かっていないのです。

私はこれが分かって驚いたのです。実は東西文明の本当の根底は、輝く明けの明星です。これをご承知頂きたいのです。

ペテロは次のように言っています。

「こうして、預言の言葉は、私たちに一層確実なものになった。あなたがたも、夜が明け、明けの明星がのぼって、あなたがたの心の中を照らすまで、この預言の言葉を暗やみに輝くともしびとして、それに目をとめているがよい」（ペテロの第二の手紙1・19）。

あなた方の心に明星が出るまで、聖書を勉強しなさいと書いているのです。明星が出るとはどういうことかと言いますと、聖書に次のような記事があります。

「六日ののち、イエスはペテロ、ヤコブ、ヤコブの兄弟ヨハネだけを連れて、高い山に登られた。ところが、彼らの目の前でイエスの姿が変わり、その顔は日のように輝き、その衣は光のように白くなった。

すると、見よ、モーセとエリヤが彼らに現われて、イエスと語り合っていた。ペテロはイエスに向かって言った、『主よ、私たちがここにいるのはすばらしいことです。もし、おさしつかえなければ、私はここに小屋を三つ建てましょう。一つはあなたのために、一つはモーセのために、一つはエリヤのために』。

彼がまだ話し終えないうちに、たちまち輝く雲が彼らをおおい、そして雲の中から声がした。『これは私の愛する子、私の心にかなう者である。これに聞け』（マタイによる福音書17・1～5、ルカによる福音書9・28～35）。

肉体的に生きていたイエスの姿が、イエスが着ていた衣と一緒に、輝く存在になってしまったのです。現実の肉体の次元が、霊の次元に変わってしまったのです。

肉の次元と霊の次元とがはっきり示されたのです。イエスは自分の肉体的な存在においてそれを見せたのです。この状態が明けの明星になるのです。

輝かしい別の世界、霊の世界を見せたのです。肉の世界ではない霊の世界が、皆様の心にはっきり見えてくるまで、しっかり聖書の勉強をしなさいと言っているのです。

皆様の中に霊の世界がはっきり見えてくるまで、聖書の勉強をして頂きたいのです。

釈尊もこれを言いたかったのです。輝く明けの明星によって新しい世界が現われることを釈尊は見たのです。人々に新しい世界を見てほしかったのです。

法華経は釈尊最後の説教だから一番上等だと日蓮宗の人々が言いますけれど、上等とか安物はないのです。最後も最初もないのです。

問題はなぜ釈尊が法華経のような説教をしたのかということです。般若経のような説教をなぜしたのかということです。

やがてこの世界が消えてしまうのです。太陽系宇宙はやがて消滅します。そうして消えない恒久の世界が現われるのです。これを釈尊は見たのです。

やがて現われるべき恒久の世界のことを考えれば、現実の太陽と地球は、単なる一時的な現象にすぎないのですから、この世界に捉われてはならないのです。時間空間の世界に執着してはならないことを、釈尊は繰り返し繰り返し説いているのです。これが釈尊の真意です。

だから、法華経は二十六巻が有難いとか、般若心経が有難いとか、大無量寿経が最高であるとかということはないのです。最高も最低もないのです。釈尊が言いたいことは、人間社会、人間の考えは空しいものだと言いたかったのです。

釈尊は本当の世界を直感していた。ところが、本当の世界がいつどのようにしてやって来るかについては、詳しく説明することができなかったのです。ただ明けの明星は間違いない。確かなものだ。本当の世界は必ずやって来ると言ったのです。

そしてイエス・キリストが、私は輝く明けの明星であると言ったのです。釈尊が明けの明星を見たという大思想、世界の将来に対する大発見がインドで伝わったのです。

釈尊入滅後の五百年後に、インドの三人の学者がその星を見て、イエス・キリストの誕生祝いに来ているのです。

イエス・キリストの誕生を祝いに来た三人の学者が「ユダヤ人の王としてお生まれになった方はどこにおられますか。私は東の方でその星を見たので、その方を拝みにきました」とユダヤ人に聞いたのです（マタイによる福音書2・2）。これが新約聖書の始まりです。

釈尊の悟りと、新約聖書の始まりという連関関係は世界文明の根底における大問題です。私はこのことを教えられたのです。

このことは聖書にも、また仏典にも言明されていますけれど、それがどのような繋がりを持っているかということは、未だかつてインドでも、ユダヤでも又ヨーロッパでも言われたことがなかったのです。これが日本で発見されたのですから、私はそれを説いているのです。

やがてこの思想は世界に広がっていくでしょう。これは大変なことだからです。

東西の大精神が一つなのです。インドの三人の博士が黄金、乳香、役薬を持って、イエスの誕生祝いに行ったのです。この三人の博士は何をお祝いに来たのか。これと新約聖書とどういう関係にあるのか。これをはっきり説明できる人が、世界の宗教家、哲学者に一人もいないのです。

キリスト教はこれが分かっていないのです。マタイによる福音書の第二章がどうして書かれたのか。もしマタイによる福音書の第二章がなかったら、イエスがキリストであるという証明はどこにもないのです。

マタイによる福音書の第二章がなかったら、イエスがキリストであるという説明はできないのです。

未だかつて西洋の宗教家も、東洋の宗教家も、どのような哲学者も発見したことのない、東洋文明の精髄と西洋の精髄とが、輝く明けの明星という一点において、完全に一致するのです。昭和天皇のご崩御の大喪儀には世界百六十ケ国から国家元首、またはそれに相当する高位高官の人が参列しました。これは世界が変わった前兆です。白人文明が凋落して有色人種が世界を指導することになるに違いないということが、昭和天皇の大葬の礼によって証明されているのです。

その中心になるのが日本であると言えるのです。これは釈尊が発見した明けの明星の一見と、新約聖書が造られた原理、イエスがキリストとなった原理をよく考えたら分かるのです。

やがてイエス・キリストが再臨します。イエス・キリストの再臨というのは、彼の復活が世界の中心になるということです。

本当の聖書とはどういうものか。本当の人間の命とはどういうものか。世界歴史はどのように流れていくのか。

現代教育、学校教育は皆様方を物事が分からない人間にしてしまっているのです。学理学説は部分的な概念ばかり、情報ばかりです。生活情報ばかりです。

学問は人間が考えた生活情報です。本当の真理は一つもないのです。政治情報か、経済情報か、社会の情報ばかりです。今の大学に真理と言えるものは一つもないのです。歴史を動かすものは一つもないのです。

昭和天皇の大葬の礼にそれが現われているのです。世界に新しい歴史が来ることを示しているのです。日本が東洋の中心にならなければならない状態が起こっているのです。

皆様は学校教育の弊害から出てください。もっと平明な、冷静な考え方ができる人間になって頂きたいのです。

皆様の思想が根本から間違っているのです。だから、皆様は死んでしまうのです。これをよく考えて頂きたいのです。

人間は思想と生命が一つになっているのです。釈尊が空だ空だとやかましく言ったのは、この点なのです。皆様の思いと皆様の命は同じ次元のものです。皆様が思っているとおりの状態が、皆様の命になっているのです。だから、皆様が自分の思いに捉われている間は、死んでしまうのです。

死ぬのが嫌だったら自分の思いを脱ぎ捨てるのです。女性に対する思いを脱ぎ捨てるのです。そうすると、魂とはどういうものかが分かってくるのです。

奥さんに対して今までの見方を続けていたら、魂に対する正確な認識はできません。従って、イエス・キリストを固く信じることはできないのです。

思想と生命とは一つです。皆様の奥さんに対する思想が、そのまま皆様の生命になっているのです。

死にたくないのなら、今までの皆様の思想を脱ぎ捨てることです。パウロは次のように述べています。

「すなわち、あなたがたは以前の生活に属する、情欲に迷って滅びゆく古き人を脱ぎ捨て、心の深みまで新にされて、真の義と聖とをそなえた、神にかたどって造られた新しい人を着るべきである」(エペソ人への手紙4・22〜24)。

二十二節に、情欲に迷って滅んでゆく古き人を脱ぎ捨ててと言っています。女性に対する考え方を変えてしまえば、情欲はなくなってしまうのです。

大体、女性は男性の情欲の対象とすべきものではないのです。男の性欲の対象として考えるべきものではないのです。

現在の夫婦の考え方が土台から間違っているのです。現在の夫婦の結婚生活のあり方を認めていたら、必ず死ぬことになるのです。社会構成の根本が間違っているのです。

神の国に入るということは、現在の社会から出てしまうことです。今の社会は家族が単位になってできていますけれど、家族というものが間違っているのです。

夫婦であることが悪いのではありませんけれど、夫婦に対する考え方が間違っているのです。夫婦であることをやめる必要はありません。考え方を変えてしまわなければいけないのです。特に男性は考え方を変えてしまう必要があるのです。

古き人を脱ぎ捨ててとあります。古き人を脱ぎ捨て、心の霊を新にするのです。心の深みまで新にされてと書いていますけれど、この箇所を英訳では、and that ye be renewed in the spirit of your mind　になっています。心のあり方を全く変えてしまうと言っているのです。

そうして、新しい人を着るのです。これをして頂きたいのです。これが嫌なら死ぬだけです。物事の考え方が間違っているからです。現在までの社会制度を認めてしまった男の考え方が間違っているのです。

女性に対する考え方が根本から間違っているのです。これを修正してしまわない以上、聖書の勉強を何十年してもだめです。

キリスト教の人々はこれが分かっていないのです。キリスト教の牧師が分かっていないのです。キリスト教の牧師自身が性欲を脱ぎ捨てていないからです。だからだめなのです。

カトリックもだめです。プロテスタントもだめです。宗教は仏教もキリスト教も、その他あらゆる宗派も全部だめです。

全世界の男性は性欲を信じているのです。これが間違っているのです。男性が性欲を考えている以上、死ぬに決まっているのです。男性が死ねば、女性も死ぬに決まっているのです。

この問題をパウロは取り上げて、死んでしまうに決まっている人間を脱ぎ捨てなさいと言っているのです。脱ぎ捨てるというのは思いを捨てるのです。思いを捨てると命が変わるのです。皆様の思いが皆様の命になっているのです。思いが命になっているのですから、思いを変えてしまえば命が変わるのです。

性欲は存在しないということがはっきり分かる人間になればいいのです。心の霊を新にしたらいい。性に対する考えを新しくしたら、死なない人間になるのです。

イエスを信じるというのはそういうことなのです。何でもないことです。思いが命を造っているのですから、これを変えてしまったらいいのです。だから思いを変えることを、断固としてやって頂きたいのです。

今や人間の歴史は終わりに近づいています。日本が東洋の中心であり、東洋が世界の中心であることになるべきです。

ノアにセム、ハム、ヤペテの三人の息子がいました。この三人の息子から世界の人口が出ているのです。セムは長男で東洋民族の祖先です。ハムはアラブ、アフリカ民族の祖先、ヤペテは白人の祖先と考えられているのです。

現在ヤペテという三男が世界のリーダーシップを取っていますが、本来はセム族がリーダーとなるのが当たり前です。なぜヤペテが世界のリーダーになっているかと言いますと、聖書は次のように書いています。

「さてノアは農夫となり、ぶどう畑を作り始めたが、彼はぶどう酒を飲んで酔い、天幕の中で裸になっていた。

カナンの父ハムは父の裸を見て、外にいる二人の兄弟に告げた。セムとヤペテは着物を取って肩にかけ、うしろ向きに歩み寄って、父の裸をおおい、顔をそむけて父の裸を見なかった。

やがてノアは酔いがさめて、末の子がしたことを知った時、彼は言った。

『カナンはのろわれよ。

彼はしもべのしもべとなって、

その兄弟たちに仕える』。

また言った、

『セムの神、主はほむべきかな、

カナンはそのしもべとなれ。

神はヤペテを大いならしめ、

セムの天幕に彼を住まわせられるように。

カナンはそのしもべとなれ』」（創世記9・20～27）。

現在はヤペテである白人が世界の中心になっているのです。ヤペテはセムの天幕に宿ると言われたのです。白人は三男坊主ですが、一時的に長男の位に座ると言われたのです。今まで白人は世界のリーダーシップを取っていたのです。一時的に威張っていたのですが、やがてセムが長男の位に座って、世界を指導しなければならなくなるのです。

日本がそうなるように神の処置が動いているのです。

「誰が東から人を起こしたのか」とイザヤが言っています（イザヤ書59・19）。神が起こしたのです。人とは天皇陛下のことです。日本の天皇制の恐ろしい権威性がだんだん分かってくるでしょう。

だから、皆様の考え違いを入れ替えて頂きたいのです。五蘊皆空です。性欲があるという考え方が間違っているのです。男の考えが間違っているのです。

今までの白人主義の考え方が間違っているのです。学問という考え方が間違っているのです。今までの人間の思想は必ず死ぬという人間の思想です。

皆様が今までの考えを持っていたければ持っていてもいいでしょう。それはご自由ですけれど、必ず死ぬのです。死ぬのが嫌だったら、今までの考えを捨てるしかないのです。

イエス・キリストを勉強することによって、自分自身の思想の根底を入れ替えて頂きたいのです。

パウロは「心を更えて新にせよ」と言っていますが（ローマ人への手紙12・2）、心をどのように更えるのかということです。

イエスは言っています。「時は満ちた。神の国は近づいた。悔い改めて福音を信ぜよ」（マルコによる福音書1・15）。悔い改めてとは心を入れ替えてということです。心を入れ替えて福音を信じるというのは、どうしたらいいのか。どのように心を入れ替えたらいいのか分からないのです。

キリスト教でいう心を入れ替えるというのは、常識的に生きていて心を変えるということです。例えば、人に嘘を言ったとか、親不孝をしたとか、人の悪口を言うということをしているから、そういうことをはっきり後悔して、謝るべきことを謝って、正しく生活する必要があると言います。

こういうことはしないよりした方がいいと言えるのですが、とにかく人間存在に関する考え方が間違っているのです。

自分が生きているということに対する考えが間違っているのです。心を更えるということについては、端的な言い方をしますと、イエスに学ぶということです。

イエスは言っています。

「人はパンだけで生きるものではなく、神の口から出る一つ一つの言《ことば》で生きるものである」（マタイによる福音書4・4）。人間に対する見方が問題です。人はパンだけで生きるのではない。神の口から出る一つ一つの言で生きているのであるというのが、イエスの人間に対する見方になるのです。

イエスはこのような認識を持っていたのです。皆様もできるだけこれに近い考えを持って頂きたいのです。そうすると、皆様の意識がだんだん変わってくるのです。

信じるということは、できるだけイエスに近い人生観を持てばいいのです。イエスに近い人生観を持とうと考えれば、自然にイエスと同じ意識に近い意識にだんだんなってくるのです。

人はパンのみで生きているのではないということは、パンで生きている人間もいることはいるけれど、本当の人間と言えるものは、神の口から出ずる一つ一つの言が、人間の正確な正当な認識であると言っているのです。

神の口から出ている言と言えば、瞬間瞬間の時々刻々の命のことです。これが実は皆様の本体です。

時が流れているということは、神の口から言が流れ出しているということなのです。時々刻々時が流れているということが、人間の魂の本当の姿なのです。このような魂の本当の姿を自分として認識する時に、肉体的に存在する仮の姿の自分はあることはあるけれど、それは本当の自分ではないということが分かるのです。

イエスの言に基づいて、自分に対する認識をできるだけイエス的に認識しようと考えれば、皆様の思想は自らイエスに近いものになるのです。これが意識を転換する一番正確な、一番正当な方法なのです。

聖書を勉強するコツを申し上げておきますと、パウロは次のように言っています。

「なぜなら、肉に従う者は肉のことを思い、霊に従う者は霊のことを思うからです。肉の思いは死であるが、霊の思いはいのちと平安とである」（ローマ人への手紙8・5、6）。

肉に従う者は肉のことを思い、霊に従う者は霊のことを思うとあります。肉に従ったままで聖書を学んでいても、効果がないのです。

現世に生きている肉体人間、固有名詞の自分を自分であると考えながら聖書を学ぶというのが宗教です。キリスト教の人々はこういう学び方をしているのです。こういう学び方をしていては無意味です。神の前には無価値です。聖書を学ぶということは、霊に従って学ばなければ本当のことは分からないのです。

霊に従って学ぶということが、なかなかできないのです。そこで、まず般若心経によって五蘊皆空の原理を学ぶことです。色即是空の原理を学ぶことです。

般若心経に対して柔軟な気持ちを持って、また、自分自身を空じるということができるような柔軟な気持ちを持たなければ、霊に従うことはできません。私が般若心経と聖書を一緒に学ぶ必要があるというのは、こういう意味なのです。

般若心経に従って、肉体的に生きている常識的な自分を解脱するのです。これを建前にすることを承知しなければ、聖書をいくら学んでもただ観念の遊戯になるだけです。これはだめです。何の役にも立ちません。

色即是空を理屈でいくら知っても、本当に色即是空ということが自分の生活で実行できなければ、聖書を学ぶということが無意味になるのです。

キリスト教では自分自身の肉の思いをどのように空じるかということが分からないのです。肉の思いを滅却するということの要領がさっぱり分からないから、常識を持ったままで、学校教育の内容を信じたままで、聖書の勉強をしているのです。これは何年勉強してもだめです。まともな信仰には絶対になりません。

キリスト教を五十年勉強しようが、六十年勉強しようが、本当の信仰にはならないのです。これははっきり言えるのです。

そこで般若心経に基づいて、人間の常識、知識をまず否定することです。これが五蘊皆空です。常識、知識をまず捨ててしまうことです。

自分が肉体的に生きていることが、カルマであるということをはっきり認めるのです。カルマを鵜呑みにした状態で神を信じようとしてもだめです。

聖書にはカルマという言葉はありませんが、罪人と言っているのです。「すべての人は罪を犯したため、神の栄光を受けられなくなっている」とあるとおりです（ローマ人への手紙3・23）。

人間が常識で生きていることが、罪を犯していることなのです。常識で生きていれば、心にもないおべっかを言ったり、駆け引きをしたりするに決まっているのです。自分の利益だけを求めるからです。こういうことをすることが罪です。

人間が普通に商売をしていることが罪なのです。だから、神の栄光、神の福音の実体を、自分の魂の経験の中へ取り入れることはできないと言っているのです。

皆様が常識的な考えを持ったままで聖書を勉強しても、原罪意識が皆様の頭の中にこびりついている以上は、聖書の勉強が空転しているのです。思想的には分かっていますが、実質的に分かっていないのです。だから本当の信仰にならないのです。命にならないのです。

肉の思いというのは何か。肉体的に生きている自分を認める場合には、肉の思いになるのです。

霊に従って生きようと思えば、肉体的に生きている自分を認めないという場に立つのです。これを強引にするのです。例えば、今までは甘いものが好きだった人でも、この習性と別れてしまうのです。

男性的な意味での性欲を考えていた自分から別れてしまうのです。なぜなら今までの皆様は死ぬに決まっているからです。

常識的な思いでなければ聖書が勉強できないというくらいに、人間は腐ってしまっているのです。この文明時代においては、人間は完全に腐っているのです。だからこんな人間の意識状態で聖書が信じられるはずがないのです。

こういうことをいう人は私だけでしょう。他にいないでしょう。聖書の値打ちを高く皆様に紹介しようと思ったら、こう言わざるを得ないのです。

肉の思いは死です。肉体的に生きているという自分を認めるという思想を持ったままで聖書を信じることになりますと、いくら学んでもそれは永遠の命にはならないのです。

しかしこれは何でもないことです。言葉で言うと非常に難しいようですけれど、肉体的に生きているという考えが騙されている考えなのです。

肉体的に生きているという自分の気持ちが、騙されているということに気づけばいいのです。例えば、砂糖をなめたら甘いと思うことは肉の思いではないのです。霊の思いです。

甘いという感覚は霊です。味覚は生まれる前の霊です。皆様は生まれる前から味覚を持っていたのです。

生まれた後の思いが肉の思いです。生まれる前の思いは肉の思いではないのです。砂糖をなめて甘いということが肉の思いではないのです。これは生まれる前の霊の感覚が、今皆様の舌にあるのです。

生まれる前の感覚、前世の感覚がそのまま現世で働いているのです。これが霊の思いです。人間の五官の感覚はすべて前世の感覚です。味覚も聴覚も触覚も、すべて前世の感覚です。これは霊です。

ところが、肉体的に感覚しているのですから、肉体の感覚と思うのです。学校教育がそのように教えているのです。学校教育の教え方が間違っているのです。

両親の考え方が間違っていた。兄弟の考えが間違っていた。親戚の人々が間違っていた。職場の人々の考え、友人の考えが間違っていたのです。

皆様は生まれる前に、五官というすばらしい霊の感覚を与えられていたのです。これがリビングの実体です。だから、皆様のリビングの実体というのは、実はとこしえの命なのです。

それを肉の思いで受け取っているから、肉の思いになってしまうのです。甘いという感覚を、肉体的な自分が食べて甘いと思うからいけないのです。肉の思いで受け止めるからいけないのです。

受け止め方が悪いのです。現世の常識が悪いのです。甘いという感覚が悪いのではない。感覚に対する感じ方が悪いのです。

五蘊皆空です。人間の考え方、感じ方が全部間違っているのです。人間の行動が悪いのではなくて、行動に対する思いが間違っているのです。そこで思いを変えるのです。

心を更えて新にするのです。人間の思いというのは人間の精神の思いです。これを新にしていけば、生まれた後の感覚ではなくて、生まれる前の感覚で自分の生活を見るということはできるのです。

肉というのが一番危ないのです。釈尊の思想の一番重要な点は、肉を否定することです。これが釈尊の一番良い所です。

聖書はもちろん肉を否定しています。肉は益なしという言い方で、また、肉の思いは死であるという言い方をしているのです。

釈尊は肉は空だと言っているのです。とにかく、肉というのは幻です。皆様の肉体、地球が肉です。時間、空間の世界が肉です。

皆様は肉体を持った状態で生まれました。これから抜け出さなければ絶対に救われません。

肉の思いは死です。「肉に従う者は肉のことを思う」とあります（ローマ人への手紙8・5）。肉体的に生きている自分が、肉体の感覚を持っているということが、もはや罪の虜になっているのです。

だから、私が心からお願いすることは、肉の思いから解脱して頂きたいのです。肉の思いから一歩踏み出してください。踏み出せるのです。

肉の思いから勇敢に踏み出して頂きたい。踏み出せるからです。肉の思いは皆様を縛り付けるだけの力はありません。皆様が自分の肉に反対したら、肉の思いから出ることはできるのです。これをしないからいけないのです。

肉の思いを持ったままで、聖書が分かったと何回言ってもだめです。肉の思いは死であるから、肉体的な人間になってこの世に生まれたことが、皆様のカルマです。これから出てしまうのです。そうしたら死ななくなるのです。

肉体的な状態で生きている自分から、一歩出てしまうのです。肉の思いを捨ててしまうのです。例えば、自分の奥さんに対する肉の思いを捨ててしまうのです。

鯛の刺身を食べるとして、鯛の刺身に対する自分の肉の思いを捨てるのです。刺身の味は生まれる前の味です。生まれる前の味覚神経で食べているから、それをおいしいと思うのです。おいしいと意識しているのは前世の意識なのです。

生まれる前の感覚で刺身を食べるのです。そうすると、霊に従いて歩むことができるのです。夫婦の方はこの見方を夫婦生活に適用するのです。

今までの夫婦の気持ちで愛し合っていたら必ず死にます。だから、死ぬ気持ち、死ぬ命を捨ててしまうのです。

皆様は毎日、毎日、生まれる前の感覚で、見たり聞いたり食べたりしているのです。皆様の五官の感覚というのは、生まれる前の感覚です。ところが、皆様の意識が間違っているのです。

生まれる前の感覚で味わっていながら、現実の意識でそれを捉えるために、現実になってしまうのです。刺身でも女性でも同じことです。すべて衣、食、住が現世のことを考えているために、現世のことになってしまうのです。これが大変な間違いです。ここまではっきり教えてくれる人はいないのです。

とにかく、皆様は死んでいくに決まっている自分を見切って下さい。これはできるのです。刺身を食べているのは前世の自分が食べているのです。生まれる前の自分が、生まれる前の感覚で食べているのです。今の肉の自分が食べているのではないのです。自分は色即是空の中に入っている のです。

従って、現在の自分は空です。現在食べている自分は空です。自分は色即是空の中に入っているのです。これがはっきり分かると、イエスが水から上がった時と同じ状態になるのです。

パウロがそうです。霊に従って生きているのです。これが実行できると、皆様は初めて新約聖書の中へ入っていけるのです。これを神の国へ入ると言っているのです。水からと霊から新に生まれて、神の国に入るのです。

皆様は現実の生活において、前世を生きているのですから、これを現世と考えるのがいけないのです。

皆様のザ・リビングは、実は前世です。五官の働きは前世のものです。これが生ける神の印、the seal of the living God です。

皆様が生きているというリビングは、そのまま救われていることなのです。現世で生きているのではない。前世がちょっと現世に顔を出しているのです。

天にいるイエスがこの地上に、ちょっと顔を出したのです。天から下って、なお天にいたのです。イエスは天から下ったが、なお天にいて生活していたのです。これを皆様もしたらいいのです。私もそれをしているのです。これをすると初めて皆様は現世に関係がない人になるのです。

現世で何を言われようが、何をされようが、格好だけは現世にいますけれど、本人の気持ちは現世にいないのです。私はそれをしているから、このようにはっきり言えるのです。皆様にもそれをして頂きたのです。できるに決まっているからして頂きたいのです。そうすると世界が変わってしまうのです。

永遠の命を現世で経験するのです。死なない命を現世で経験するのです。これをして頂きたいのです。

イエス・キリストを信じるというのは、思想的に理解するだけでなくて、自分の肉を離れて霊に従って生きることです。自分の肉の思いを捨ててしまうのです。

肉の自分から一歩出てしまうのです。そうして霊に従って生きるのです。これをすることを御霊を崇めるというのです。

まず聖霊を受けることをしてください。聖霊を受けなければだめです。水からと霊からとによって、新に生まれるのです。水から生まれることが洗礼です。キリスト教の洗礼がだめではありませんが、キリスト教では洗礼の意味が全然分かっていません。

霊から生まれるとは、御霊に従って霊によって生きるのです。霊的に生きるのです。これをキリスト教は知らないのです。

水と霊とによって新に生まれるのです。そうして神の国に入るのです。これを実行して頂きたいのです。これを本当に実行しているのは、私たちだけです。全世界でグループとして、水から新に生まれ、霊から新に生まれて、神の国に入るということを文字通り実行しているのは私たちだけです。このグループを神は当てにしているのです。

新に生まれることによって命を変えてしまうのです。これを実行して頂きたいのです。

11. 般若波羅蜜多

般若心経は般若波羅蜜多と言っていますが、彼岸がどういうものかを全然説明していません。彼岸へ行ったとは、どこへ行ったのか。向こう岸へ行ったと言うでしょう。向こう岸はどこにあるのか。釈尊自身にも説明できないのです。

なぜかと言いますと、釈尊が見た明けの明星は、やがて来るべき新しい国を見ているのです。しかし、釈尊はそれを現実にそれを掴まえた訳でも、そこに生きた訳でもないのです。そこで、釈尊の思想であるかどうか分からない、仏国浄土という思想ができてきたのです。

釈尊は明星を見たが、明星の実体について全然説明していません。できなかったのです。宇宙は厳然として明星を見せるのです。それきり何の説明もしないのです。神とはそういうものなのです。

イエスが死から甦ったことは、人間に新しい歴史が存在すること、新しい歴史がこの地球に実現するに決まっていることを示しているのです。

旧約聖書でダビデは、神の真実がこの世でありありと現われるのでなかったら、神を信じないと言っているのです。神の恵み、愛、永遠の命が、この世で実際に証明されるのでなかったら、神なんか信じないと言っているのです。

イエス・キリストはダビデの末裔であって、ダビデの思想を受け継いでいるのです。そこでイエスが復活したことは、実は人間完成の実体が示されたことになるのです。今の肉体ではない、もう一つの体があること、今の肉体を脱ぎ捨てて、もう一つのボディーを受け取ることが、本当の人間完成だと聖書は断言しているのです。

どうして彼は復活したのか。復活した彼の肉体はどういうものであったのか。この地球上にどういう関係を持つようになるのか。この地球はどうなるのか。人間社会はどうなるのかということです。これを知ることが最高の学です。これ以上の学はありません。これが本当の般若波羅蜜多になるのです。

釈尊はこれを狙っていたのです。やがてこの地球上に現われるべき、新しい歴史、新しい人間の命のあり方を、明星によって看破したのです。

もし釈尊の一見明星という悟りがなかったら、実は新約聖書の根底が成り立たないとさえも言えるかもしれないのです。こういう見方は今まで世界になかったのですが、釈尊の悟りを延長するとそうなるのです。

釈尊の般若波羅蜜多は決して空理空論ではない。しかし釈尊の時は、未来に現われる歴史が分からなかったのです。だからどう説明していいか分からなかった。彌勒というように言われていますけれど、これが皆、宗教になってしまっているのです。

イエスの復活が現実に生きている人間に、どのような具体的な係わりがあるのか。イエスの復活という問題が、もしこの地球上において実際生活で経験できないようなことなら、聖書など信じる必要がないのです。

般若波羅蜜多はあるに決まっているのです。彼の土へ渡ることは絶対にあるのです。やがて文明は自滅します。今の文明は人間が造った文明ですから、永遠に存在するはずがないのです。

しかし人間が生きているという事実はなくならないのです。これはイエス・キリストの復活によって既に証明されているのです。もう結果が見えているのです。これが新約聖書の本体です。

イエス・キリストの復活の他に、命はありません。だからその命の中へ入ってしまえばいいのです。それだけのことです。これが彼岸へ渡る方法です。

この命の中へ入ろうとする人はなかなかいないのです。日本人の場合大変難しいのです。日本人は民族の伝統として聖書と関係がありません。いわゆる異邦人なのです。異邦人は旧約時代には獣扱いをされていたのです。

今の人間が生きている命は、既に復活の命になってしまっているのです。彼岸は来てしまっているのです。これをキリスト紀元と言うのです。キリスト紀元というのは、神の国が実現してしまっている時を意味するのです。迷っている人間には分からないだけのことです。

イエス・キリストの復活が学の対象になるべきなのですが、ユダヤ人がそれに激しく妨害しているのです。専門学を並べて、文句を言っているのです。イエス・キリストの復活は歴史の完成、地球の物理的な完成であって、これこそ唯一無二の学の対象になるべきものなのです。

般若心経は神の国の実体を述べていないのです。ただ入口があることばかりを言っているだけであって、般若波羅蜜多の実体の説明、彼岸の実質の説明は一切していません。だから般若心経だけではだめなのです。揭帝揭帝　般羅揭帝ということはおかしいのです。是大神呪　是大明呪　是無等等呪も、般若心経だけで考えますと、おかしいのです。

般若心経が最高のものだと言っていますが、もう一つの最高のものがあるのです。イエス・キリストの復活という事実です。これは般若波羅蜜多よりも、もっと大きいのです。

今までの宗教観念や文明の感覚、学問に対する感覚という小さい考えをやめて頂きたい。それよりもっと大きいものを掴まえて頂きたいのです。

12. 上智

現在の人間は肉体的に生きることしか考えていません。従って、その範囲内において、真理が見つけられなければならないと考えるのです。肉体的に生きていることが悪いのではなくて、肉体的に生きているという事がらについての見方が、間違っているのです。

生きているということには、二重性があるのです。般若波羅蜜多とは死んでからのこととは違います。浄土真宗は死んでから仏国浄土へ行くと言います。キリスト教は死んでから天国へ行くと言います。これが宗教の最も悪い点です。

仏説阿弥陀経には「阿弥陀如来の名号のいわれを心にとめて念仏申すなら、臨終の時に仏が迎えに来てくださる」と書いているのです。この仏説阿弥陀経が間違っているのです。間違っていると言うと、ちょっと語弊がありますが、阿弥陀経の思想はキリスト教の思想を受け売りしているのです。

本来、阿弥陀如来という思想は仏法にはありません。釈尊はそんなことは言っていないのです。

キリスト教が世界伝道を始めてから、イエスの孫弟子たちがインドへ福音を与えた。その結果、インドの学者たちが、キリストの思想に共鳴する所があったので、それと釈尊の悟りとを結び付けて阿弥陀経を造ったのです。

般若波羅蜜多とは、現在人が生きている命の中に二重性があると言っているのです。肉体的に生きている中に二重の生き方をしているのです。

まず固有名詞の人間の生き方をしています。市役所の戸籍謄本に載っている名前の人間です。それが現世における人間の生き方の第一であって、その名前によって経済生活とか、政治生活とか、社会生活をしているのです。

般若波羅蜜多の般若とは上智であって、分かりやすく言えば、上智の知恵なのです。普通の知恵ではない上智の知恵で見ますと、魂が分かるのです。魂としての自分と、戸籍謄本に載っている自分と二通りの人があるのです。

戸籍謄本に載っている自分は、死んでしまうに決まっている自分なのです。死んでしまうに決まっている自分を、自分だと思い込んでいると必ず死にます。

現代文明は、戸籍謄本に載っている人間のことばかりを言っているのです。学校も、政府も、キリスト教も、仏教も、戸籍謄本に載っている人間のことしか考えていないのです。

これは人間の一面のあり方なのです。波羅蜜多でない面のあり方、現世に生きている人間のあり方を意味するのです。これは生活第一主義であって、癌になったら震え上がるほど怖がる人間です。死んでしまっている人間のことなのです。

ところが、生きているという事実の中にはもう一人の自分があるのです。これが命のルーツに基づいている人間です。文明のあり方によって生きている人間と、命のルーツに基づいて生きている人間と、二通りの人間があるのです。般若波羅蜜多というのは、生きていながら向こう岸へ渡るのです。これが非常に大きい意味になってくるのです。これは生活の問題ではなくて命の問題なのです。これを唱道、主張をしている人が日本にはいないのです。

現代の日本が、生命的、叡知的にどんなに貧弱なものであるかは、言語に尽きるものがあるのです。

今の人間社会はひどいものです。死んでいく命を命だと見ているのです。戸籍謄本に載っている自分のことしか知らないのです。

家庭生活している肉体人間と、食べて味わっている人とは別なのです。これが分からないのです。

食べるとか、見るとか、耳で聞くとかいうのは五官の働きを意味するのです。このあり方を英語で言いますと、ザ・リビングと言います。家庭生活をしている、社会生活をしている人間は、ザ・ライフになります。ザ・ライフとザ・リビングとは違うのです。

生活することと、生きていることとは違うのです。今の人間は、肉体的に生きている表面の人間のことだけしか考えていない。ザ・リビングを全然考えていないのです。そのくせ人間はご飯を食べているのです。ご飯を食べていることがどういうことか分からないのです。ご飯を食べるために一生懸命に働いていながら、ご飯を食べているという事実を知らないのです。これを不手際と言わずに何と言ったらよいのでしょうか。

新約聖書は、「おまえたちは見るには見るけれど、決して認めない。聞くことは聞いているが、決して悟っていない」と言っています（マタイによる福音書13・14、15）。これがイエスの思想です。こういうことを言ったイエスは見事に死を破ったのです。

死にたくない人、死んでしまうに決まっている自分を乗り越えて、死なない命を経験したいと思う人は、目で見ているという事実の実体を認めればいいのです。

現世に生きているのは本当の命ではないのです。命のルーツを発見するかどうかの、テストケースを経験しているのです。この世で生きていて本当の命を見つけて、波羅蜜多を実行するかしないか、そのテストが毎日行われているのです。

目で見ていながら認めていないのはなぜかと言いますと、見ていることの実体を認識していないからです。だから死んでしまうのです。

般若波羅蜜多とは死んでから極楽へ行くこととは違うのです。生きている状態のままで、生きている命を、肉の面からと霊の面からと、両方からはっきり確認することによって、死なない命が確実にあることを認め、捉えることを意味するのです。

13. 現世から神の国へ

人々は花を見て喜んだり、鳥が鳴いたり、飛んでいるのを見て喜んだりしていますが、これは何をしているのかを考えようとしない。だから死んでしまうのです。

花を見てきれいだと思えることは、その人の心の中に生まれる前の命が備っているのです。花を見て美しいと思うのは、そう思える理由があるからです。魂は仮の姿で、この世に現われているという意味です。鳥や花を見て嬉しいと感じるのは、本当の嬉しさの影を見ているのです。

本当の嬉しさは、魂がこの世に出るまでに経験してきたことです。この世に出て、花が咲いていること、鳥が飛んでいるのを見て、生まれる前に経験していた嬉しさを、もう一度復習しているのです。これを嬉しいというのです。

嬉しいというのは、嬉しいような気持ちを経験したということです。魂というのは、御霊が現世で試みに経験している状態を言うのです。

現世で嬉しいとか楽しいとか言っているのは、仮の経験であって、嬉しい、楽しいことの本当の意味が分かった人は、永遠の楽しさを掴まえることができるのです。嬉しい、楽しい、おいしいと言っていながら、その原理が分からないままで死んでしまいますと、魂の裁きにあわなければならないのです。むしろ、嬉しい、楽しい、おいしいことを経験しなかった方が良かったのです。この原理を知るか知らないかは、大変な違いになります。

花を見てなぜ美しいと思うのか、その原因は神にあるのです。生まれる前に魂は神と一緒にいた。神と一緒にいた時の感覚を現世で味わっているのです。だから美しい、楽しい、おいしいという気持ちを神に対して告知しなければならないのです。これを実行しない者は、魂は伸びないのです。

人間が現世に生まれてきたのは、業《ごう》です。地球があるのは神の業です。現世で神の業に巡り合うのです。人間が現世に生まれてきたことは業ですが、現世に生まれてこなければ、美しさを経験できないのです。

神が花を咲かせ、鳥を飛ばしているのです。それを見て、嬉しく思うのです。なぜ嬉しい気持ちがしたかということを、まず知る必要があるのです。そして、どういう気持ちで生活すればいいのかを考える必要があるのです。

本当に神が分かるか分からないかは、第一に天分があるかどうかです。第二に素朴さが必要です。第三に根気があるかどうかです。天分がない人は非常に難しいのです。女性のあり方が人間の魂を代表しています。男性が女性に学ぶというのは、女性が持っている素朴さに学ぶという意味です。

女性は美しいものを見たら素直に感動します。これは神が人に与えている恋愛的な感覚です。男性は理屈で割り切ろうと考えるのです。理屈で考えている間は神が分かりません。神と人の魂の関係は、愛の関係です。論理は後から付いてきます。

愛とは生まれる前の魂のセンスが目を開くことです。生まれる前の前世と、生まれた後の現世と、死んだ後の来世（後生）を貫いているのが魂です。愛とは、生まれる前に神と一緒にいた感覚に、気が付くことです。

現世での人間の恋愛でも、実は生まれる前の状態に気が付いているのです。

女性が造られたのは生まれる前のことです。前世で男性が女性を見て、好きだと言っていたのです。現世で女性が好きになる男性は、前世の感覚を思い出しているのです。

男女の関係は、この世に生まれてから教えられたものではありません。親が子供に異性の愛し方を教えたのではありません。これは生まれる前から知っているのです。

三才から四才の女の子が、お嫁さんになると言っているのです。そのように生まれる前から男女の問題を知っているのです。現世では人間的に知っていますが、生まれる前には、霊的に知っていたのです。魂的に知っていたものが、現世で人間的に気付き始めたのです。

恋愛は元来生まれる前のものですから、死んだ後まで継続するような恋愛をしなければならないのです。これが本当の恋愛です。

本当の恋愛は現世だけで愛する、愛されることとは違うのです。本当の愛は、親子とか夫婦に限らない。現世の法律には関係ないのです。本当の恋愛感情が分かってくると、現世に生きている状態がそのまま続いていくのです。こういう感覚を味わうのが本当の恋愛です。

生まれる前は肉体がない状態で、男女が知っていた。現世では肉体がある状態で知り合うのです。本当の恋愛が分かってくると、後生にまで通じるものだということが分かって来るのです。こういうことを意識できる恋愛でなかったら、本当のものではないのです。こういう恋愛をしている人はめったにいません。現世でこういう恋愛ができる人は、よほど幸福な人です。皆様は本当の恋愛を御存知ないのです。

だから神が分からないのです。現世で花や鳥や美しい景色、美しい人を見て、何となく嬉しいと思う。

男女が恋愛をするのには原因があるのです。生まれる前に経験をしていて、現世でもう一度恋愛をしているのです。これが死んだ後にまで延長されるという可能性、必要があるのです。よくよく考えてみると、肉体があるという思いが間違っているのです。恋愛は間違っていません。肉体があるという思いが間違っているのです。

肉体はありません。愛を経験するために肉体という方便があるだけです。肉体を持って恋愛を感じるのは、実は肉体の感覚ではありません。霊魂の感覚です。それを肉体の感覚だと思い込んでいるのです

肉体はあるに決まっているという気持ちを持つ必要はありません。無理にこの気持ちを捨てようとしても捨てられませんが、肉体があると思うのは、実は嘘だということは、よくよく考えてみれば分かるはずです。

皆様は肉体が確かにあると考えていますが、ただ鼻から息を出し入れしているだけです。息が止まったら、肉体はいっぺんに消える方向にいくのです。肉体とはただ息をしているだけです。息をしているから血液の循環がありますし、肺、心臓が働いているのです。息が止まればすぐに死んでしまいます。

生きているという事実がある間は、肉体はあります。生きているという事実がなくなれば、肉体はすぐにだめになります。ですから、肉体があるのではなくて、生きているという事実があるのです。呼吸機能、生理機能が働いているのです。機能と肉体とは違います。生理機能が肉体に現われていますが、機能は肉体ができる前からあったのです。肉体があるから生きているのではありません。機能が正常に働いているから、肉体があるのです。生きていることが肉体的に働いているだけです。

美しい花を見てきれいだと思う。おいしいものを食べておいしいと思う。これは肉体の感覚ではなくて、生まれる前の感覚です。肉体を持っているから、美しいとかおいしいと思うのではないのです。

肉体を与えられてこの世に出なければ、花が美しいとは思えませんが、美しいと感じる機能は、肉体が与えられる以前に備えられたものです。それは肉体の感覚ではなくて、魂の感覚なのです。生まれる前の感覚です。同様に、男性が女性を見て美しいと思えるのは、魂の感覚です。それを肉体の感覚だと思うからいけないのです。

ところが、世間並みの男性が女性を見て美しいと思うのは、皆霊の感覚かというと、そうではないのです。情欲を抱いて女性を見れば、性欲になるのです。情欲を抱いて女性を見ることは、大いにあり得るのです。

肉体を持っているから全部肉体の感覚かと言うと、そうではありません。そこで、御霊を崇めるということが必要になってくるのです。

御霊とは何か。大自然に展開している天然のエネルギーが御霊です。生理機能、心理機能のすべては、このエネルギーによって動いています。このエネルギーなしには、人間は絶対に生きていけません。だから、御霊を崇めるのは当たり前です。その前に必要なことは、まず洗礼を受けることです。そして御霊を受けることです。

この二つのことをしなければならないのです。水のバプテスマと、聖霊のバプテスマ、この二つをきちっと受けなければいけないのです。

水のバプテスマを受けないで、聖霊のバプテスマを受けることは絶対にないとは言えませんが、極めて少ないのです。皆様は洗礼と聖霊の二つを受けなければなりません。水と霊とによって新しく生まれるのです。

肉体がある間は肉の思いはなくなりません。肉の思いはあってもいいのです。肉の思いを持っているままで、御霊を崇めればいいのです。そうすると、肉の思いが消えてしまうのです。そういう方法があるのです。

肉の思いがなくなってしまわなければ、御霊が崇められないという考えが間違っています。肉の思いをなくそうと思ったら、何百年あってもできないでしょう。御霊を崇めることさえすれば、肉の思いが体にしがみついていてもかまわないのです。神に目を向ければいいのです。神を信じることを実行すれば、肉の思いがあっても、ないこととして扱われるのです。

女性が女性であるままの状態でこの世を去ってしまいますと、火の池へ行かなければならないのです。女性は男性の中へ帰らなければいけないのです。夫であっても、夫でなくてもかまいません。これは現世の道徳や法律には関係がないのです。

女性が男性に帰るとはどうすることか。肉体関係を持つことではありません。精神的な問題です。女性が男性に恋愛感情を持てば、その男性に入ったことになるのです。

女性が男性の中に帰ることが女性の本当の姿です。「二人の者、会いて一体になれ」というのは（創世記2・24）、前世で神に言われた言葉です。現世でも、結婚式でこの言葉を使いますけれど、本来は前世のエデンの園の言葉であって、現世の言葉ではないのです。

大きい気持ちを持つのです。生まれる前の命、今の命、この世を去ってからの命を考えなければならないのです。

大体、今の命はどうでもいいのです。神を知るためには、現世に出てこなければいけなかった。神が分かればそれだけでいいのです。この世に少しも執着を持つ必要はないのです。

この世は仮の世であって本物ではありません。人間の魂の本体は御霊ですが、御霊が試みに現世に顔を出しているだけなのです。これが現世での生活です。

女性は信頼できる男性の中に帰る必要があります。どうしたらいいのかと言いますと、恋愛感情を持てばいいのです。恋愛感情を持てるということは、その人の中に入っているということです。その人の言う言葉をそのまま受け取って、その人格の中に入ってしまえばいいのです。夫でなくてもいいのです。信頼できる男性の中に帰るのです。これは魂の問題ですから、道徳や法律には関係ありません。イエスに対してそうした女性が多くいました。現在でもそうしたらいいのです。神の前に通用するような恋愛をしたらいいのです。

今世界中の人間で誰も気付いていないことは、霊のことを霊で解釈するというパウロの言葉です。イエスの言葉にもそういう意味があります。山上の垂訓（マタイによる福音書五章から七章）はほとんどそういう内容です。

霊的に見るということが分からないのです。霊的に見るというのは、物事の本質を見る、神の側から見るということです。

霊的に見るとどうなるのかと言いますと、人間の精神が霊になってしまうのです。素朴な感覚で神を見るという習慣をつけますと、精神がだんだん向上していくのです。精神の正体が世界中の人間に全然分かっていないのです。精神が一番重要なことです。精神だけが天使を使うことができる。精神以外のものは、皆天使の下にいるのです。神は精神だけを上へ引き上げようとしているのです。精神を上へ上げていこうと思えば、聖書の言うとおりにしていけばいいのです。自分の思いに捉われないで、神の言葉と御霊の導きに従えばいいのです。

とにかく人間の精神を高めていくことが、本当の教育です。精神を高めていくと魂が救われるのです。魂の中心が精神ですから、現世を去ってから役に立つのです。

生きている間に精神をどのように鍛えたらいいのか。どのように訓練したらいいかです。現世に生まれてくる前に、男性はハートを取られてしまった。男性の中から肝心要の魂の中心的なものを抜かれてしまった（創世記2・21～23）。なぜ抜かれたのかと言いますと、アダムが情熱的ではなかったからです。頭がいくら聡明でも、情熱的でない人は聖書がなかなか分かりません。

聖書を勉強するというのは、男性的な聡明さと感情的な熱情の両方がなければだめです。それがない人は、聖書の言葉を学んでいても、それに喜びを感じる感覚がなかなか湧かないのです。情熱的でない人は、感情を高揚させるような訓練をする必要があるのです。歌を歌うとか絵画を見るとか、そして、花を見たらいいのです。

男性はアダムのような欠点があるのです。神から見るとぼやーっとしているように見えるのです。ぼやーっとしているのは情熱がないからです。聖書が分かっても、情熱的でない人は喜びが感じられません。

自分の性格は自分の精神で変えられるのです。変わらないと諦めてはいけないのです。初恋のような感覚が、神に対して持てるようになるといいのです。魂を自覚しないで人間である自分を見ていると、神との繋がり、神が愛しているという神の愛が分からないのです。自分自身が魂であることを自覚しようという気持ちを、いつも持っているのです。人間であることをやめて、魂である状態にできるだけなるのです。これは難しいように思われますが、そうではないのです。

生きていることが魂です。生きている状態は取り越し苦労をしません。苦しんだり、悩んだりするのは、自分という人間です。生きているという受け身の状態です。魂はそういうことをしません。魂は生かされているという受け身の状態です。受け身の状態は取り越し苦労をしません。取り越し苦労をするのは人間です。

生かされているという自分に立とうとするのです。そうすると魂の自分になるのです。これをしますと、引っ込み思案は自然になくなってしまいます。引っ込み思案をするのは、自分という人間です。生かされているということが魂ですから、魂という立場に立ちますと、自分なりの癖が出てこないのです。話をする時には素朴になり、気持ちを軽くして言うことができるのです。

初恋の経験は非常に良い経験です。これは魂の経験であって、人間の経験ではありません。この経験を活用するのです。

日本人は聖書の価値が全く分からない民族です。聖書に親しみを感じないし、読もうとしません。従って、魂が分からないのです。人間が生かされている状態を霊的に理解することができないのです。現世に生まれてきたのは、生かされている状態を霊的に見るためです。この訓練をするために生まれてきたのです。人間として考えないで、できるだけ魂として考えようとするのです。魂として考えるとはどうしたらいいのか。なかなか分かりにくいでしょう。それを神に聞く気持ちを持つのです。魂として生きたいと思いますが、どうしたらいいでしょうかと神に聞くのです。

神とは何か。生きていることが神です。皆様は生きている神といつも一緒にいるのです。生きているということは、神と一緒にいることです。

その神に聞くのです。御霊を崇めるとはどうしたらいいのか。魂で生きるとはどうしたらいいのでしょうかと、神に聞くのです。分からないことは何でも聞くのです。そうしたら、教えてもらえるのです。

日本民族は先天的に聖書を敬遠しようとしています。その欠点を承知して、その欠点を直そうという気持ちを持つのです。聖書を好きになろうとするのです。世間並みの日本人は皆聖書から逃れようとしているのです。この点、西欧人は有難いのです。分かっても分からなくても、聖書は有難いと思い込んでいますから、楽です。日本人とは正反対です。日本人は質が悪い民族ですが、そういう人の中から聖書を学ぶよう仕向けられたのですから、できるだけ聖書を好きになろうという気持ち、人々から聖書気違いと言われるような、積極的な情熱を持つことです。そうするとだんだん開かれてきます。

現世に生きている間は本当の命ではありません。本当の命ではないことが分かりますと、本当に生きることができるのです。現世に生きていることが自分の命だと思っている間は、本当に生きることができません。自分の利害得失をいつも考えていますから、本当の聖書の勉強はできません。

神の国とは何か。例えば、世間並みに花を見ている場合、この世の人間が花を見ているのです。ところが、魂の感覚で花を見るようになりますと、花を見ていることが神の国になるのです。人間が見ていると、この世のできごとになるのです。

イエスが生きていて、飲んだり食べたりしていたのは神の国ですが、弟子が飲み食いしていたのは、人間の世界です。同じことを同時にしていても、生きている気持ちによって世界が違うのです。

神の国が少し分かったくらいでは、なかなか入りきってしまうことはできませんが、そのうちに神の国に入りきってしまうようになるでしょう。そうなりますと、現世に生きていることはどうでもよくなるのです。現世に生きていることが、そのまま神の国になっているからです。

現世にいることがそのまま神の国にいるように感じられることになりますと、楽になります。ここまでいくためには、分かったような分からないようなことの繰り返しをすることになるでしょう。出たり入ったりが続くのです。これは人によってだいぶ違います。いずれにしても素朴になることが一番必要です。思想的に勉強することも、素朴になるために勉強するのです。

何も分からない状態で素朴になれと言っても無理です。

女性は比較的しやすいでしょう。しかし、思想的にいくら分かっても、命になったのではありません。思想はやはり思想です。命にならなければだめです。聖書が思想的に理解できたというだけでは、やはり宗教になるのです。

宗教は思想的な理解だけです。命ではありません。仏教でも同様です。仏典を思想的にだけ理解しているのです。自分が仏になっていないのです。

仏教の場合は無理もありません。神の約束がありませんから、仏になりたくてもなれないのです。命の実体である聖霊を受けることがありません。聖書の場合にはそれがあるのです。聖霊を受けることになりますと、聖霊によって導かれることになりますので、聖書の言葉が命になるのです。

パウロは霊のことを説明するのに、霊の思いを持ってすると言っていますが、これは宗教ではできないことです。生きているのは、人間ではない。魂が生きているのです。魂が生きている状態が霊です。食べる場合でも、人間が食べることと、魂が食べることとは、世界が全然違います。他人から見れば同じように見えますが、本人の気持ちは全然違うのです。

肉体は固定的にはありません。瞬間的にだけあるのです。瞬間、瞬間が継続的にあるのです。これが肉ですが、実は霊なることです。肉も霊で見ると、霊になってしまうのです。肉体的な行動は一つもありません。人間の行動は全部霊です。それを霊で見ないから全部肉になってしまうのです。霊の目で見るのと、肉の目で見るのとでは、人間の生き方が全然違ってしまうのです。肉、霊という言い方は、聖書になじみがない人には難解な言葉ですが、肉というのは人間が見た見方です。人間から見ると現象が実体のように見えますが、これが肉の見方です。

霊というのは神から見た見方で、神から見ると現象は実存していない。ただ瞬間、瞬間の連続した映像があるだけです。電子の運動が現象に見えるだけのことです。霊がある。肉がある。これは全く別物だと考えるのは間違っています。霊は肉となり、肉は霊となる。霊も肉も見ているものは同じです。肉の思いで見ると肉になり、霊の思いで見ると全部霊になるのです。霊の思いで見ると神の国に入ることができます。

洗礼とはどういうことかと言いますと、水で体を洗うと生まれる前の状態に返ってしまうのです。地球ができる前の状態に返ってしまいます。水の中に溶けてしまうのです。元の水に返ってしまいますから、罪が許されるのです。肉体を持ったままではだめです。元の水に返ってしまうと、肉体はあっても霊と同じように扱ってもらえるのです。

聖書を思想的に勉強することは、最初はそれでもいいのですが、それを乗り越えて、魂で勉強するようにしてください。そうすると本当の聖書の勉強ができるのです。

14．本具の自性

宗教ではない般若心経という命題をご覧になったらお分かりになると思いますが、般若波羅蜜多というのは彼岸に渡る明智のことです。上智のことです。現世にいる人間の知恵ではないのです。

般若波羅蜜多ということが、皆様がこの世に生まれてきた目的です。この場合の皆様という言い方は、ユダヤ人以外の一般人を指しているのです。皆様はこの世に生まれてきたのですが、目的を持たずに生まれてきたのです。目的を持たずに生まれてきたのですから、何のために生きているのか分からないのです。

国は国、民族は民族のしきたりがあります。それぞれ教えということを言ってはいますけれど、民族の教えとかしきたりということが、人間のただの情報です。本質的に言いますと、人間の情報でしかないのです。

しかも、この情報は死んでいった人間が造り上げた情報です。死んでいった人間によって考えられた概念です。この概念が情報になっているのです。

仏教とか儒教とか神道とか、色々な宗教が日本にありますけれど、皆概念にすぎないのです。仏教の実体、実質は何であるのかと言いますと、実は分からないのです。般若波羅蜜多という言い方をしますと、実は仏教の実体を否認してしまっているようなことになるのです。

般若波羅蜜多というのは、彼岸へ渡る知恵のことでありまして、この世の知恵ではないのです。波羅蜜多というのは現世のこととは違うのです。現世を後ろにして彼岸へ渡ることが般若という知恵、上智です。

ところが、現世にいる人間が般若波羅蜜多を勉強しているのです。これは愚かなことです。現世に生きているままの人間が勉強していることが間違っているのです。

もちろん、初めは現世にいる人間が勉強するのは当たり前です。現世にいる人間が彼岸へ渡ろうと考えて般若心経を勉強することは結構ですが、いくら勉強しても勉強しても、彼岸に渡らずに勉強している。三十年も五十年も勉強しても、彼岸に渡らずにしているのが現状です。だから般若波羅蜜多という言葉が全く分からないのです。

人間は彼岸へ渡る知恵を神から与えられていながら、彼岸へ渡らずに現世で頑張っている。これはなかなか見事なものです。般若心経を勉強し始めてから、三十年も四十年もの間、現世で頑張っているというのは、なかなか見事なものです。これはかなり耐久力があると言わなければならないのです。そうして、写経したりして後生案楽になりたいと考えている。こういう愚かなことを日本人はしているのです。

こういうことになる原因は何かと言いますと、人間と魂が別だということが全然分かっていないのです。現在の日本で人間と魂とをはっきり分けて説明ができる人は一人もいないでしょう。

大体、大乗仏教には魂という考え方がないのです。一万七千六百巻という膨大な大乗経典の中に、魂という言葉が一字もないのです。これはおかしいことです。般若波羅蜜多と言いながら、彼岸へ誰が行くのかということが分からないのです。

向こう岸へ行くのは誰かが分からないのです。分からないままで仏典を勉強しているのです。般若心経には観自在菩薩と最初から書いているのです。魂というのは観自在の原形になるのです。または観世音の原形になるのです。

魂が正確に捉えられたら観自在になるのです。ところが、日本人の頭には、魂という言葉が正確に理解されていないのです。武士の魂とか、大和魂とか農民魂という言葉はありますが、こういう言葉で騙されているのです。

結局、魂が分からないのです。魂が分からないので、観世音すること、観自在することの意味が分からないのです。

人間は目で見ていると思っています。見ているのではなくて、光線が物に当たって反射して、目の網膜に映っているのです。この状態を魂と言うのです。字を書いている能力、生態の原理、五官の働きの実体が魂です。

こういうことが分からないままで、いくら般若心経を読んでもだめです。分かるはずがないのです。ところが、日本の仏教では分かったようなことを言っているのです。日本の仏教のお坊さんで本当の空が分かっている人は一人もいません。もし本当に空が分かっていたら、伽藍仏教が成立するはずがないのです。仏教商売ができるはずがないのです。仏教という営業が成り立つはずがないのです。

仏教という営業が成り立っていることが、魂が分かっていない、空が分かっていないことを証明しているのです。

空というのは宗教ではありません。信心ということが空です。日本の仏教で考えている信心というのでは、観自在が成立しないのです。信じるということが五蘊です。日本の仏教が五蘊です。キリスト教も五蘊です。聖書も般若心経も、本気になって勉強していないのです。

そこで、私たちがこういうことを言わなければならない余地ができてくるのです。余計なおせっかいと言われるかもしれませんが、こういうことを言わなければならないのです。

皆様が生きているということが魂です。英語で言いますと、living soul になるのです。これが人間存在の質体になるのです。人間の実質の状態です。質体という言葉は使わないかもしれませんが、人間の実質、実体です。これが魂です。

人間というのは市役所の戸籍謄本に登録されているものです。固有名詞、自我意識で生きているものです。やがて死んでいくに決まっているのが人間です。肉体という形態を持っているのです。魂は理性と良心という心理機能を持ち、五官を与えられた人間の実質です。この区別がつかなければ、般若波羅蜜多といくら言ってもだめなのです。

人間は必ず死ぬに決まっているのです。必ず死ぬのです。人間はただの形態です。生あるものは必ず死ぬ。形があるものは必ず壊れるのです。「人間五十年、下天の内をくらぶれば、夢幻の如くなり、ひとたび生を享け、滅せぬもののあるべきか」と幸若舞という曲舞「敦盛」の一節があります。

皆様は夢幻の内に生きているのです。これを自分だと思っているために、皆様の精神状態はいつも夢幻の内にあるのです。

世界の軍備縮小の話がまとまらないのも、選挙で血眼になって走り回るのも、無理がない話です。現在の人間の心理状態では、核兵器廃絶は絶対にできないのです。

何らかの形で人間の意志を転換することができなければ、超大国間の相互不信は絶対に消えないのです。従って、軍縮とか核兵器廃絶という方がおかしいのです。

そういうことを話し合うよりも、人間と魂とどちらが実体なのかを考えたらいいのです。人間という場に立っている間は、お互いに騙しあい、警戒しあいながら付き合っているのです。夫婦でも、兄弟でも、親子でもそうです。

現世の人間は不信と不安がいっぱいの状態で生きているのです。実は肉体人間はいないのです。魂が実体です。魂が分からないから人間を自分だと思い込んでいるのです。

魂は質体であって、その本質は命です。生きている事がらが魂です。その本質は命です。魂で生きている人の精神状態は平安です。安心です。

長年般若心経と聖書を真剣に勉強している人でも、頭で分かっても、ハートの状態が本当に魂になり切っているかというと、なかなか難しいのです。

こういうことは一回か二回分かってもだめです。毎日毎日新しく確認して、これを自分自身の魂に言い続ける必要があるのです。この世にいる間は、猛烈な戦いを継続していなければいけないのです。人間はいない、魂が実体だと言い続けなければならないのです。

猛烈な戦いをしているなら平安はないと思われるかもしれませんが、平安があるから闘えるのです。平安がない人は闘えないのです。

魂が本体だということが分かっているだけで、非常に大きい平安があるのです。私はこの平安を持ち続けるために、持って生まれた業《ごう》と毎日闘っているのです。

この闘いは勝つに決まっている闘いです。だからどんなに戦いが激しくても、やる気になってできるのです。

皆様の本質が魂だと言いましたが、皆様が生きている状態をよくよく見て頂きたいのです。生きているとはどういうことなのか。例えば、お茶を飲めばお茶の味が分かります。味が分かるというのはどういうことでしょうか。これが魂の働きです。皆様はお茶の味を誰かに教えられたことがあるのでしょうか。

お茶の作り方は習われたでしょう。お湯を沸かしてそれを急須に入れて、そこへお茶の葉を入れるということは習われたでしょう。しかし、味というものについては習っていないのです。皆様が生まれた時に、既に味覚を持っていたのです。

例えば、生まれたばかりの赤ん坊は、母親の乳首に吸い付いて吸うのです。おっぱいの味を知っているからおいしそうに飲むのです。哺乳瓶においしくない飲料を入れて与えても、すぐに吐き出してしまうのです。

赤ん坊は母親のお乳をおいしそうに飲むのです。これはおっぱいの味を知っているから、おいしそうに飲むのです。赤ん坊はおっぱいの味を誰から教えられたのでしょうか。母親が教えた訳でもないのに、おっぱいの味を知っているのです。これを魂というのです。

皆様の五官の本質が魂です。皆様が生きているということは、魂が生きているのです。人間が生きているのではないのです。食べるとか、見るとか、聞くとかいうのはどういうことか。例えば味というのは目に見えないことを信じているのです。不可視世界のことを信じているのです。

味というのは不可視世界のものです。また、香りというものも同様です。皆様は目に見えない世界を経験しているのです。これを霊というのです。これが本当の霊です。霊媒の霊とは違います。心霊科学でいう霊は巫女の口寄せの霊であって、味や香りと全然違うのです。

霊媒の霊、心霊科学の霊、新興宗教がいう霊は、人間の妄念が生み出した妄想です。今の日本では新興宗教がたくさん流行っています。守護の霊ということをしきりに言うのですけれど、これは皆安物の霊です。

例え守護の霊があったとしても、命は分からないのです。守護の霊を二十知っていても、三十知っていても、皆様の命の実体は全然分からないのです。守護の霊を信じれば信じるほど、本当の霊が分からなくなるのです。彼岸へ渡れなくなるのです。

彼岸へ渡れないように仕向けているのが、新興宗教です。

不可視世界のことが本当の霊でありまして、これは新興宗教の霊とは違うのです。

この霊が皆様の命の本質です。この命の本質に目が開かれることが必要です。これを観自在菩薩と言うのです。または観世音菩薩と言うのです。

彼岸とはどういう所か。この世ではない向こう岸です。人間が生きている場所ではないのです。人間が生きていない所です。これが向こう岸です。

人間が生きている状態にありながら、向こう岸へ渡ってしまうのです。今日彼岸へ渡っても、今日という日と、明日という日とは時が違いますから、今日彼岸へ渡ったら、明日もう一度渡る必要があるのです。明後日また渡る必要があるのです。この世に生きている間、毎日彼岸へ渡り続けていかなければいけないのです。

命は毎日新しいのです。毎日新しい命を経験しているのですから、毎日新しい彼岸を経験するのでなかったらいけないのです。これを実行している人は、日本にはいませんし、世界にもいないのです。しかし、これはしなければならないことです。

世界中で誰もする人がいなくても、私たちはそれをしなければならないのです。なぜかと言いますと、皆様がこの世に生まれたのは、彼岸を見つけて彼岸に入るためなのです。

彼岸を見つけない状態、彼岸に入らない状態で、人間として生きていても何にもならないのです。

皆様は四十年、五十年の間、この世に生きていたのですが、皆様の命の本質には何のメリットもなかったのです。ただ生きていただけなのです。ただこの世の常識を学んだだけなのです。何のプラスもなかったのです。

今まで生きていた自分は、人間として生きていたのです。人間として生きていたのは、魂の上に乗っていただけです。魂の上に乗って、ふんぞり返っているのが人間です。これが後天性の人間です。

後天性の人間というのは、常識と知識で生きているのです。常識、知識は人間の思いです。思いというのは迷いのことです。

皆様は生きていると思っているでしょう。現世に生まれてきて、生きていると思っているのは、ただ思っているだけです。従って現世で生きていると思っていても、人間の思いは根本的に迷いそのものです。

魂は思いではありません。魂が生きているというのは生きているという事がらです。これが霊です。これは誰に習わなくても、生まれた時から生きているのです。

生まれてしばらくしますと、物心がつきます。物心とは何かというと偽りの人格です。物心がつくと人間はばかになるのです。迷い出すのです。迷い出した結果、矛盾の世界に生きるのです。こういうことをご理解頂きたいのです。

皆様が現在生きているという気持ちを端的に申しましたので、これをまずご承知頂きたいのです。この状態で生きていながら、いくら般若心経を読んでも分かるはずがないのです。迷っている状態にあるのですから、本当のことが分かるはずがないのです。

この状態では神を信じることは絶対にできません。キリスト教の神なら信じられますが、こんなものはキリスト教が造った神です。

キリスト教の宗教主義が神を造っているのです。今の人間が信じられるように造っているのです。「天にましますʼ我らの父よ」とキリスト教の人々は祈っていますけれど、天とは何かが分からないのです。ましますとはどう状態なのか。我らの父とは何か。この一つ一つが分かっていないのに、天にまします我らの父よと祈っているのです。これは聖書をばかにしているのです。

キリスト教も仏教も、現世の人間に分かるように嘘ばかりを造って信じさせているのです。これが宗教主義というものです。これを解脱して魂の方へ移行するのです。これはなかなかできないことですが、これが分かりますと、般若波羅蜜多の意味が分かってくるのです。

人間は現世に生きていても何もならないのです。九十年生きようが、百年生きようが、何にもならないのです。何にもならないどころか、罪を造っているだけです。業《ごう》を積んでいるのです。嘘を言ったり、ごまかしたり、焼きもちを焼いたりしているのです。人を憎んだりしない日があるのでしょうか。この世ではこういうことをしなければ生きていけないのです。こういう世の中です。世の中の大人が悪いのです。

デカルトは精神と物質は別だと言っていますが、こういう考えが全く間違っているのです。霊が分かれば精神と物質が一つであることが簡単に分かるのです。

皆様がこの世にお生まれになったのは、この世に生きるためではありません。皆様がこの世に生まれておいでになったのは、人間と魂を見分けるためです。命とは何かということを知るために生まれて来たのです。

このことを日本的に言いますと、観世音というのです。世音というのはこの世の有様です。この世の有様を見ることによって、この世がいんちきなものであることがはっきり分かった人は、いんちきではない状態に移ったらいいのです。

皆様はこの世に生まれた時には、霊魂そのものだったのです。ところが物心がついて人間になってしまったのです。これが間違っているのです。

大人の歪んだ気持ちを放下することができるのです。これを脱ぎ捨てることはできるのです。そうすると、皆様は元の魂に帰ることができるのです。

皆様の五官の本質はそのまま魂の本性です。これを情緒というのです。本当の情緒に対して目を開くことができますと、初めて魂ということが分かってくるのです。そうすると、現世にびくびくと生きている必要がなくなるのです。

今の人間は戦々恐々として生きているのです。癌、心臓病、脳梗塞にならないか、いつか地震が起きるのではないか、会社が倒産しないか、不景気にならないか、老後の年金や介護はどうなるのか、いつ死ぬかもしれないとびくびくして生きているのです。安心して生きておれないのです。

魂がはっきり分かれば、坦々として知るべきことを知り、言うべきことが言える人間になるのです。そういう人間になれるのです。これが観自在です。

観自在すること、観世音することが人生の目的です。これをするために、私たちは生まれてきたのです。般若波羅蜜多をするために生まれてきたのです。

般若波羅密多が人生の目的です。私たちはこの世に生きるために生まれてきたのではありません。皆様はこの世に生きることに対して熱心でありすぎたのです。だから、この世に生きることが自分の目的のようにお考えになっているのですが、これは間違いです。

命さえ分かれば、この世で生きていけるに決まっているのです。本当のことが分かれば生きていけるに決まっているのです。本当のことが分かったら、あえて生きていかなくてもいいのです。

私たちは現世に生きるために生まれたのではないのです。般若波羅蜜多するために生まれたのです。命そのものを知るために生まれてきたのです。

一人の人間の中に本質と異質、嘘と誠が同居しているのです。人間は二重人格になっているのです。

この世に生きている以上は二重人格もやむを得ないことかもしれません。私でも子供さんを見たらかわいいお子さんですねと言いますが、嘘の場合もあるのです。かわいくなくてもかわいいですねと言わなければならないのです。

この程度の嘘なら言ってもいいでしょう。これがお世辞というものです。こういうことはあまりに几帳面に、神経質に考えることはありません。

この世に生きる、この世で生活するために生まれたのではないのに、生活するために何十年間かの人生を棒に振っていますと、その結果として、皆様の魂は非常に厳しい裁きを受けなければならないのです。これは当たり前のことです。魂としての本質を持っていながらそれを認めようとしなかった人間に責任があるのです。だから、裁かれることになるのです。

現在の地球ができたのは、できた理由があるのです。これは宗教ではない聖書という角度から見なければ分からないのです。

大宇宙の中心は命です。星がまたたいているのも、地球が自転公転しているのも命の現われですが、命というのは機能的なものだけではなくて、人格的なものでもあるのです。これを聖書は神と言っているのです。

神というものの実体は、物が存在することの実体をいうのです。これを聖書はザ・ネーム・オブ・ゴッド（the name of God）と言います。神の名というのは物が存在することをいうのです。これが神の人格の本性です。

神の人格の本性には意志があるのです。宇宙の命には意志（will）があるのです。人間にも自由意志があるのです。人間の意志はそのまま神の意志に通じるようにできているのです。

皆様が人間であるという気持ちを解脱するような気持ちで、冷静に、平明に五官の本源で物事を捉えようと考えますと、意志が純真な形で働き始めるのです。そうすると、神の意志と皆様の意志が相通じるようになるのです。

こういう角度から地球の文明を見ていきますと、二十一世紀の中頃まで進行するとは思えないのです。もっと早く崩壊する恐れがあるのです。

今の文明はあまりにも歪みすぎています。あまりにも汚れすぎているのです。もう少し歪んでいきますと、文明それ自体が自壊することになるのです。自滅することになるのです。

ここにユダヤ人問題という非常に深い秘密があるのです。ユダヤ文明は自壊作用によって崩壊するのです。ユダヤ文明が崩壊しますと、世界の秩序は根底から変化してしまうのです。

子供の教育はどうしたらいいかということですが、教育の基本問題について考えますと、子供が悪いのは大人が悪いのです。子供は大人よりも上等なものです。欲望という点から考えましても、大人のような性欲、物質欲はほとんどありません。子供にも物欲はありますが、大人ほど強いものではありません。大人と子供とでは精神構造のスケールが違うのです。

原則を申し上げますと、叱るとか教えるということも結構ですけれど、子供の状態をじっとご覧になってみますと、子供は大人が持っていないような純真さ、素朴さ、正直さがあるのです。これを誉めてあげることです。そうして、純真さがどれくらい大切なのか、素朴ということがどれくらい大切かを教えてあげたらいいのです。

正直が尊いことだということを、子供に自覚してもらうのです。そうしたら勝手に子供は正直になるのです。

大体、大人は不正直です。なぜかと言いますと、大人は思春期に方向を間違えたのです。これは重大なことなのです。現在の人間文明がこのように腐った原因は、思春期について正当な考えを持っていないからです。

セックスについての大人の考えは根本から間違っているのです。魂が分からないのです。魂ということからセックスをどのように考えたらいいのか。人間の本質はどういうものかということです。

本能という言葉を今の学者は考え違いをしています。本能は欲望ではなくて人間自身の本来性をいうのです。

大乗仏典に本具の自性という言葉があります。本具というのは生まれる前の命が持っていた本来性のことです。魂の本来性を本具と言うのです。自性とは命の実物、実体を言います。

皆様が赤いものを見て赤く感じること、花を見てきれいだと感じることが本具の自性です。何でもないことです。

花を見てきれいだと感じることが、実は人間が生まれる前の本当の情緒です。これが未に皆様の中に働いているのです。

情操教育も結構ですが、これをもっともっと深く考えますと、情緒に触れることになるのです。情操というのは人間の常識で考えた情緒でありまして、常識が間違っているのです。常識はすべて大人の考えです。

大人はセックスを考え違いしているのです。間違った考えで経験しているのです。私は大人のセックスの考えがぴんからきりまで全部間違っていると言うのではありませんけれど、非常に重要な部分で間違えていると思っているのです。

大人の根性が汚いのです。嘘を平気で言うのです。すべて大人の考えは欲望中心です。欲望の中心はセックスです。大人の欲望の中心はセックスです。

人間の性欲が名誉欲、財産欲、物欲、宗教欲に広がっているのです。宗教を信じて極楽往生したいというのも、性欲からきているのです。こういう大人の考えが間違っているのです。

まず大人は自分の悪さを考えて頂きたいのです。なぜ間違ってしまったのかと言いますと、魂のことを全く考えずに、人間として生きてきたからです。皆様は人間として生きていたからおかしくなってしまったのです。

子供さんを教育される場合には、大人の言い分を通そうと思わないで、むしろ子供の無邪気さ、純真さに目をつけて頂きたいのです。

今の子供さんは素直ではないかもしれません。私はぴんからきりまで子供を煽てているのではありません。悪いことは悪いとして叱ることはあるのです。良い所は良いとしっかり誉めてあげるのです。大人のように権謀術数をたくましくしないで頂きたい。駆け引きとかペテンをしないで頂きたいのです。

子供の純真さをじっとご覧になるのです。子供が何かを食べて「これはおいしいね」と言ったら、その素朴さを誉めてあげるのです。

おいしいと言える気持ちが魂の本質でありまして、人間の純真さがそこに現われているのです。人間人格の根底を教えてあげると、子供は驚くほど変わるのです。そういう可能性があるのです。

今の学校教育はだめです。日教組がマルクスの思想を信じ込んでいるからです。ユダヤ人の間違った思想を信じ込んでいるとろくなことはないのです。

ユダヤ人がすべて悪いと言うのではありません。現在の世界の中心になっているのは、ほとんどユダヤ思想です。現在の学校教育は非常にユダヤ的になっているのです。

日本は明治初期に、文明開化と言って欧米の近代的技術、制度、風俗、習慣を積極的に受け入れたのです。その結果、日本本来の教育とは全く違うものになってしまったのです。私は文明開化以前の教育がすべて良かったとは言いませんが、そこには今では考えられない良さもあったのです。少なくとも今のような教育の混乱、学級崩壊、いじめ、自殺はなかったのです。

良い悪いを教える前に、子供の純真さをできるだけ認めてあげるようにするべきなのです。そうして、正直にしなければならないという考えを持つ子供に仕立て上げたらいいのです。

また、ご両親も子供の頃の純真さに帰って頂きたいのです。大人のやり方を子供に習わせるよりも、子供のやり方を大人が習った方がずっと良い家庭になるのです。

ユダヤ人問題というのは日本人には少々難しい問題です。全世界の人間の歴史には流れがありまして、地球上の風の流れもある方向に流れているのです。西から東に流れているのです。

歴史の流れにも自ら一つの方向があるのです。歴史の流れの中心の構造をなすものが、ユダヤ民族です。日本人はユダヤ人のことを知らないから、国体のことも分からないのです。

日本の国体は右翼で考えているようなものではありません。とても大きいものです。大したものです。世界的な角度から見ないと説明ができないほど大したものです。これが現在の日本人に全然分かっていないのです。このこともユダヤ人問題についての勉強が不足していることが大きい原因になっているのです。

ユダヤ人は全世界の長男になるのです。長男が悪いから困った状態になっているのです。核兵器の問題で困っているのは、この典型的な例です。核兵器を製造したのはユダヤ人です。こういうものを考えるのはユダヤ人に決まっているのです。マルクスもレーニンももちろんユダヤ人です。

ユダヤ人の悪い人のことを言いましたが、すばらしい政治家もいるのです。ですから、ユダヤ人が悪いと言うよりも、現在のリーダーシップを取っている若干のユダヤ人の考え方が悪いのです。

そういう人々が唯物主義、即物主義でありまして、現世主義一本槍です。なぜユダヤ人が中心になったのかと言いますと、地球ができた原因にあるのです。地球ができたということは雄大な宇宙計画によるのです。太陽系宇宙に関する計画でありまして、地球は不思議な惑星です。火星や金星には陸地はありますけれど、生物は全然存在していないのです。火星、金星には蟻一匹、ハエ一匹もいないのです。土はありますけれど、生物現象は全くないのです。

ところが、地球をご覧ください。森羅万象で満ち満ちているのです。バイキンからクジラに到るまで、生き物で満ちているのです。地球には無機物はありません。全部有機物です。地球そのものが有機体です。地球から生まれたものは全部有機体なのです。

地球そのものが巨大な生物です。地球は惑星ではなくて生物なのです。このような奇妙な惑星がどうして存在するのか。これは宇宙の特殊現象です。太陽系にだけこのような特殊現象がなぜあるのかということです。こういうことを考えていきますと、初めてユダヤ人の正体が分かるのです。

神には神の計画がありまして、これを神の約束と言うのです。この約束がユダヤ人の祖先であるユダヤ人に与えられました。これによってユダヤ人が全世界の長男として神によって設定されたのです。

なぜアブラハムに約束が与えられたのか。とにかく世界歴史というものは、皆様が御存知であってもなくても、ユダヤ人を中心にしなければ動かないのです。日本が中心にはなれないのです。

世界にはアジア人種と白人と黒人とがいます。アジア人が長男です。白人は三男でして中心ではないのです。黒人は次男です。現在は白人が世界の中心になっていますけれど、これは白人社会の中にいるユダヤ人が活躍しているのです。

ユダヤ人は東に来なくて西へ行ったのです。ヨーロッパやアメリカに入り込んだ人が、世界のリーダーシップをとっているのです。

人間文明が始まってから大体、六千年になると言われていますが、六千年の人間の歴史の流れをたどっていきますと、アジアが中心であり、アジア人の中のユダヤ人が中心になっていることが分かるのです。

ユダヤはアジアの極西です。日本はアジアの極東です。両者には不思議な因縁があるのです。

世界歴史は生き物です。人間が造ったものではないのです。歴史を英語ではヒストリー(history)と言います。ヒストリーとはヒズストーリー(his story)のことです。彼の物語を意味しているのです。彼とは神のことです。神の物語が歴史の流れでありまして、天地創造の原理である神が、このような流れを地球に造っているのです。この神の約束を受け止めた民族をユダヤ人と言うのです。

ユダヤ人は生まれた時から神の約束という目的を持っているのです。そこで人生目的はユダヤ人だけにあるのです。

ところが、現在のユダヤ人は神の約束の意味を、完全に間違えて受け取っているのです。神の約束を間違えて受け取ったということが、現代文明の惨憺たる状態になって現われているのです。

現在の世界歴史は全く惨憺たる状態なのです。日本はまだ恵まれている方です。この日本から私たちのような人間が現われたということも、また神の処置です。

日本は全世界に対して本当の世界観を提起すべきです。永遠の生命を捉えることができる世界観を、日本が全世界に向かって発進すべきです。それによって全世界の人々を指導すべきなのです。

ユダヤ人は厄介な民族です。ユダヤ人が間違えていますので、その側杖をくらって、他の民族が大迷惑をしているのです。

ルネッサンスの立役者になったのがユダヤ人です。近代文明、現代文明を広めたのはユダヤ人です。これには良い面もありますが、悪い面が非常に多いのです。

ユダヤ人の流れを知らなくては、人間歴史を読み取ることはできません。日本は物造りという面で世界が注目していますが、世界観の基本に対して、世界が重大な関心を持つ時が来ると思います。

とにかく、皆様の物の考え方が小さすぎるのです。自分自身の利害得失という小さい問題に係わらないで、世界歴史の流れを見るようにお考え頂きたいのです。

人間は存在していません。魂があるだけです。その証拠に全世界の人間は一つの理性で生きているのです。白人と黒人とが結婚できるのです。日本語を各国語に自由に翻訳できるのです。

理性は世界に一つしかないのです。良心も一つです。命は一つ、信仰は一つです。人間は煎じ詰めると一人の人格に集約されることになるのです。自分がいる、他人がいる、何十億の人間がいるという考え方が間違っているのです。ユダヤ人が個人という考えを世界中に広めたので、人類は個人がいると思い込んでしまったのです。

皆様は現在、五官の本能性に従って生きているのです。五官の本能性の意味がよく分かれば、死なない命が分かるに決まっているのです。

イエスが死を破りました。死を破って復活したのです。イエスが死を破ったということは、イエスの世界観が普通の人間の世界観ではなかったからです。

イエスは霊魂の本質を弁えていたのです。ところが、皆様は人間として生きているのです。人間として生きている人は必ず死んでしまいます。

皆様の潜在意識が魂の意識ですが、皆様の潜在意識の中には死なない命が既にあるに決まっているからです。皆様はご自分の潜在意識を率直に見るという気持ちにさえなれば、死なない命が分かるのです。

キリスト教ではない聖書をそのまま勉強したらいいのです。宗教ではない聖書をストレートに勉強すると、本当のイエスが分かるのです。

皆様の潜在意識とイエスの顕在意識とは同じものです。皆様の常識、知識が間違っているのです。

人間は苦しい時に神頼みをします。震度八の大地震が起きたら、人間は思わず、「神よ、助けたまえ」と叫ぶでしょう。これは潜在意識からほとばしり出る生命の実感です。これが叶わぬ時の神頼みになっているのです。

これが人間の本音です。本音で物事を考えて頂きたいのです。人間の本音が本当の人間の本質です。

世間の人間は本音を知らないのです。建前だけで生きているのです。だから死んでしまうことになるのです。

15. ファウンデーション

神とは何か。目が見えることが神です。心臓が動いていることが神です。これをどのように理解したらいいのかということです。

キリスト教では神の正体が分かりません。神の本質が何であるのか分からないのです。命の本質、本体が神ですから、これを前提にして考えるのです。命の本質、本体は何なのか。何が素因になっているのか。これは哲学では説明ができないものです。カントでも説明していないのです。

神は宗教でも哲学でも全く説明ができないものなのです。神とは何か。あるということが神です。地球があること、命があること、山があること、家があること、空気があることです。悪いものがあること、良いものがあること、「ある」ということがすべてのことに通じるのです。

「ある」というのは存在そのものです。「我は有りて在るものなり」と神が言っています(出エジプト記3・14)。「ある」ということが神の名です。「ある」というのはただ存在だけを意味するのではない。存在の原点は「である」ということですが、これも「ある」ということの中に入るのです。

物が存在することも「ある」です。自分が人間であるということも「ある」です。空気があるということも「ある」ですし、自分が男であることも「ある」です。

「ある」ということ、またあり得るということが神です。私たちが目で見ているということもあるということの中に入るのです。だから神はすべてのすべてであるとなるのです。

何が良いか、何が悪いかということも、あるという観点から見たらいいのです。聖書に、「肉の思いは死であるが、霊の思いは、命と平安とである」とあります（ローマ人への手紙8・6）。

思いには二つあるのです。「ある」というものを肉の思いで見ると死になってしまうのです。霊の思いで見ると命になるのです。これは大変な違いになるのです。

肉の思いから抜け出せない人は、聖書をいくら勉強してもだめです。肉の思いで勉強しているからだめです。自分がいるという観点から見ますと、全部死になるのです。

逆に神があるという点から考えますと、霊になってしまうのです。命になってしまうのです。人間が生きているということも、肉の思いで見る場合と、霊の思いで見る場合とでは、正反対になってしまうのです。従って、肉の思いとはどういうものか、霊の思いとはどういうものかを勉強しないといけないのです。

そこで、哲学的な思考方式が相当に必要になってくるのです。ところが今の日本人には哲学的に考えるということが苦手な人が大変多いのです。哲学的に考えることが非常に弱いのです。数字的には強いのですが、哲理的に弱いのです。だから、お金儲けは上手ですが、とこしえの命を得ることが大変下手なのです。勉強する時には、心の深みということに注意して頂きたいのです。

私がいると皆様が考える場合に、肉の私なのか、霊の私なのか、どちらなのかということです。私が生きているという言葉を使っても、肉の私を意味するのか、霊の私を意味するのかということです。

こういう基本的なことをよく考えなければいけないのです。皆様は今生きています。生きているということを肉の思いで考えていると、肉体人間としての自分しか分かりません。ところが、霊で考えますと、霊として生きている自分が分かってくるのです。

霊として生きている自分が分かりますと、肉体人間として考えていることが考え違いだということが分かってくるのです。

人間は現在肉体的に生きている。だから、霊的に生きるべきなのです。実は肉体はないのです。肉体があるように見えることが霊です。

物質があるように見えることが霊です。これがなかなか分からないのです。物質は本来ありません。自然科学は人間の肉の思いによって造っているのです。肉の思いによって、物質があるという面だけを見ているのです。

科学は物質が存在するという面からだけを分析総合をしているのです。これが自然科学の考え方です。これは嘘ではありませんが、一面的な研究になっているのです。

実は物があるのではなくて、物理構成が物として現われているのです。それを物として科学的に論述しているのです。これが科学の実験です。これは間違ってはいませんが、不完全なのです。物理の反面だけを見ているのです。全面を見ていないのです。

「肉の思いは死である、霊の思いは命である」という両面を使いこなすようなことができないと（ローマ人への手紙8・6）、聖書を完全に読みこなすことはできません。

皆様の生活も、肉体的な面から見る場合と、霊的な面から見る面と両方を見こなすようにならないと、人間完成はできないということを考えて頂きたいのです。

日本の国体を考える場合でも、肉の天皇と霊の天皇の両面から考えないといけないのです。人間が生きているということを考える場合でも、肉の面から取り上げる場合と、霊の面から取り上げる場合とでは、全然違ってくるのです。

皆様はせっかくこの地上に生まれて来たのですから、「肉の思いは死である、霊の思いは命である」という両方の物の見方をマスターするような達観をして頂きたいのです。

本当の霊とはどういうものか、本当の地球の実質とはどういうものか、命の実体、永遠の生命の実物は何かということを、神が日本で明らかにしてくださったのです。

日本の国体という全く不思議なものが世界にあるのです。日本人は日本の国体のことを正しく認識できていないのです。やがて日本の中心になる方々が、国体について私たちに教えを乞うことになるでしょう。私たちに教えられなければ、国体の真髄を悟ることができないからです。

好むと好まざるとに係わらず、日本の国体が全世界の歴史の中心をなすものだということを、認識せざるを得ない時代が来るに決まっているのです。そのために、神が私たちを日本で起こしているのです。私たちはそういう勉強をしているのです。

皆様はそのような遠大無双の勉強をしているのですから、そのつもりで勉強して頂きたいのです。未だかつて本当の命の見方をした人がいないのです。

聖書に次のようにあります。

「わたしは口を開いて譬を語り、世の初めから隠されていることを語り出そう」(マタイによる福音書13・35)。英訳では次のようになっています。I will open my mouth in parables; I will utter things hidden from the foundation of the world.

口を開いてという意味がキリスト教では分からないのです。Foundation of the world を語っているのです。Foundation of the world から隠れたことを語っているのです。

花が咲いているとしますと、花が咲いていることが、神が口を開いていることなのです。花が咲くということはそういうことなのです。

これは花だけではありません。魚が泳いでいること、犬が走っていることも神が口を開いていることなのです。

命がこの地球に顕現していることが、神が口を開いていることです。譬を語っているというのは、世界のファウンデーションを語っているのです。花が咲いているというのは、世界の隠れた部分を語っているのです。

皆様は花を見てきれいだと思われます。花を見てきれいだと思うことは、何をきれいだと思っているのか。皆様の理性は世界のファンデーションをきれいだと思っているのです。

地球ができる前に地球の下ごしらえがあった。世界の下ごしらえが今花になって現われているのです。皆様はそれを見ているのです。

世界が世界であるための下ごしらえが、今花になって現われているのです。それを皆様の目が見ている。それをきれいだと思っているのです。

皆様の目は現在の世界を見ているのではなくて、世界が造られる道程を見ているのです。地球が地球となるべき道程を見ているのです。

男から見て女がきれいだと見えるのは、人間が人間となるべき道程です。これを骨の骨と言うのです。だから、男は女に惚れざるを得ないのです。

女性の美しさが正しく理解されなければ、魂は全うされないのです。男が女に惚れることほどすばらしいことはないのです。このことによって、女は自分を全うすることができるのです。女は男に惚れられてもらうことによって、自分自身を全うすることができるのです。これが本当の恋です。

本当の恋というのは永遠に繋がることなのです。現世における恋愛とか夫婦とかいうものではないのです。皆様が見ている花はファウンデーションを見ているのです。地球のファウンデーションが花になって現われているのです。また、富士山という格好で現われているのです。人々はこれを見てすばらしいと言っているのです。

景色というのは、地球が地球になるまでの前景なのです。ファウンデーションなのです。これを見ているのです。景色だけではありません。味も同様です。

鯛を食べて、この鯛はとてもおいしいと思います。鯛の味はファウンデーションです。景色、味、香り、色、形は皆ファウンデーションです。

皆様の目や耳、舌は神が口を開いて語っている地球ができる前のファウンデーションを経験しているのです。五官はおいしいとか、きれいとか、美しい、すばらしいという状態を経験しているのです。

音楽のすばらしさは、地球ができる前のすばらしさを音として表現しているのです。これを皆様は聞いて感動しているのです。そうして地球ができる前のファウンデーションは、永遠のものであることが分かってくるのです。

皆様は地球ができる前のものを食べたり、聞いたり、見たりしているのです。皆様の五官が感心しているのは、地球のファウンデーションに感心しているのです。これを信仰というのです。

イエスはこういう世界観に立っていた。私はこういう立場から、イエスの本当の人格をお話しているのです。

地球の下ごしらえ、地球以前のあり方が譬として現われているのです。これが現象世界です。これを読み取ることができるようになった人は、神の国が見えている人なのです。

これをイエスは、「誰でも新しく生まれなければ、神の国を見ることはできない」と言っています（ヨハネによる福音書3・3）。

人間は改めて生まれなければ、神の国を見ることができないのです。地球は神がファウンデーションを現わしているのです。地球に花が咲いているのは、地球自身のファウンデーションが咲いているということを認識できることが、神の国を見ていることなのです。

神の国が見ることができる人は、霊に従って見ることができる人です。このことを霊と言うのです。この霊は新興宗教で言う霊とは全然違います。

神が口を開いている状態を神の霊というのです。これが神の国です。神の国は見えるのです。そうすると、皆様の命が神の国のものになるのです。

イエスは「神の国に入りなさい」と言っています。これが霊の命です。現世に生きている自分の命ではなくて、神の国に入る方法を勉強して頂きたいのです。

未だかつて日本でこのような聖書の見方ができた人はいないのです。欧米社会でもいないのです。神の国をはっきり示したのはイエス以外にはいないのです。私たちはイエスの生き方を勉強することによって、神の国の入り方を学んでいるのです。

これができるのは日本民族にとって光栄です。皆様はこういう勉強をしていることをよく知って頂きたいのです。今までの物の考え方から一歩踏み出して、前人未到の秘密を勉強して頂きたいのです。

今までの古い考えを捨ててしまって、今までのこの世の人ではとても考えられない、霊の思いによって命の実体を掴まえることができる人間になって頂きたいのです。

今の地球は実は地球のファウンデーションそのものが現われているのです。地球の下準備が地球の現在になっているのです。

皆様の五官はそれを掴まえているのです。目だけではなくて、耳も、口も、鼻もすべて五官の働きは、持って生まれた先天性です。皆様の五官は生まれる前からの続きです。前世の状態で現世に生きているのです。

目で見る力は生まれる前の力です。生まれる前の力ですから、地球ができる前が見えるのです。皆様は生まれた時に、既に生まれる前を見る力を持っていたのです。その目の力で皆様は見ているのです。

五官は生まれる前の力を持っているのです。これが魂です。前世の魂の力を持ったままで、現世に生まれてきたのです。だから、前世が見えているのです。この点が聖書を勉強する難しさです。

皆様は五官の来歴が現世のものだというように、教育されてしまっているのです。近世、現世の教育は非常に悪いものです。学校教育が悪いのです。教育は現世の人間の生活だけしか考えないのです。だから五官の本質とか、地球の本体、地球ができる前の地球のファウンデーションと、現在の地球がなくなった後の地球がどういうものになるかということを全く考えないのです。

人間の学理、学説は現世にだけ限定しているのです。人間を現世に縛り付けているのです。極めて制限された、拘束された、不自由なものです。こんなものが自由と言えるはずがないのです。

今の学問は人間を極端に制限しているのです。自由、平等、博愛と言いますが、全く自由ではないのです。皆様はまんまと一杯担がれているのです。

地球はやがてなくなるに決まっているのです。できたものは潰れるのです。始められたものは終わるのです。地球はできたものです。文明は始められたのです。これは終わるに決まっているのです。

地球や文明が終わった後、どういうものが来るのであろうか。これが聖書に書いてあるのです。ところが、今の学問は聖書を正しく読むことを嫌がるのです。キリスト教がそうなっているのです。

キリスト教が率先して聖書を正しく説いていないのです。私がキリスト教が間違っていると口を極めて言っているのは、彼らが聖書を歪めて説いているからです。

これはキリスト教が現代文明に追従しているために起こっているのです。宗教が文明に追従していることが悪いのです。その結果、キリスト教がユダヤ文明に追従しているのです。

ユダヤ教とキリスト教が一体となって、人間全体を騙しているのです。ところが、日本の国体や聖書は、そんな小さなものではないのです。すばらしく大きいものです。皆様の霊魂は地球ができる前のことをよく知っているのです。だから、地球ができる前のものを見ているのです。

花が咲いているのは地球のファウンデーションが咲いているのです。地球ができる前のファウンデーションを、現在皆様は見ているのです。

地球ができる前の状態を、神が森羅万象として現わしている。それを皆様が見ているのです。女性が美しく見えるというのは、この世ができる前の美しさのことです。これが本当に分からなければ女性の価値は分からないのです。

女性は自分の美しさが分からないのです。そのような価値を持って見てくれる人を女性は狙っているのですけれど、そういう男性はめったにいないのです。だから女性はがっかりしている状態で死んでいかなければならないのです。気の毒なことです。

男性は女性が好きなほど見込みがあるのです。女性が好きでたまらないほどの男性でなかったら、本当の男性にはなれないのです。ただ、女性の好きようによるのです。本当の意味で女性を好きになるとはどういうことかということです。

霊の思いで女を見ることができなければだめです。肉の思いによって女性を見ると、姦淫になるのです。イエスは、「肉欲をいだいて女を見る者は、心の中で既に姦淫をしたのである」と言っているのです（マタイによる福音書5・28）。

姦淫の念を抱いて女を見る者は、女と共に姦淫をしたのですから、その女性は大迷惑になるのです。女性は見られただけで姦淫したことになるのですから大迷惑です。

女性は何かと言いますと、男の栄光なのです（コリントへの第一の手紙11・7）。あばら骨を取って女が造られたのです。男の栄光が女になっているのです。

キリストは神の栄光です。キリストの栄光が男です。男の栄光が女です。女性は男性の栄光だから、女性が好きで好きでたまらないのです。

今の男性には本当の栄光がないのです。栄光とは何かと言いますと、素直さ、素朴さ、率直さです。これが男性にはないのです。アダムからあばら骨の一本が抜かれているからないのです。これが女になって現われている。これがきれいに見えてしょうがないのです。好きで好きでたまらないのです。

女性のすばらしさは、本来男性が持つべきなのですが、それが男性にはないのです。だから、男性は女性が好きなのですが、女性を尊敬できなければ本当の男性ではないのです。女性を尊敬するということは、男性が自分自身の本性を発見したことになるのです。

男性は女性が尊敬できる形で好きにならなければいけないのです。尊敬できる形で女性が好きであるということは、自分自身の本質、本性を男性は発見しているのです。

女性が持っている美しさ、素直さ、すばらしさは、実は男性自身のあばら骨なのです。男性自身の良さです。これが女性になっているのです。

エデンの園で男性がぼんやりしていたために、男性を深く眠らせたのです。深く眠らせたというのは、半殺しにしたということです。そこで男のあばら骨を抜いて女を造ったのです。

現在男は半殺しにされたままなのです。深く眠らされた状態でいるのです。だから男が霊の眼を開くということはめったにないのです。

男が霊の眼を開こうと思うなら、まず女性を好きになることです。女性を尊敬するのです。女性の良さを本当に認識することです。女性の素直さ、美しさを霊的に理解するのです。肉の思いではなくて、霊の思いで理解するのです。

肉の思いで見るというのは、現世の常識、知識で見ることです。霊の思いで見るとは、前世にいる女性を前世という思いで見るのです。自分自身が陥罪したアダムの以前の状態に帰って、その時の女性を見るのです。これが霊の思いで見ることです。そうすると、女性の美しさが魂の特長であることが分かるのです。魂が持つべき特長が、女の美しさであることが分かるのです。

ここまで分かる男性はめったにいないのです。こういう男性に巡り会った女性は本当に幸せな人です。

今の女性は、だめになった男性について行かなければならないと思い込まされているのです。だから、男性におべっかしなければならないと考えていますから、今の女性も非常に歪められているのです。本来あるべき本当の女性らしさは、今ではなくなっているのです。

小野小町が本当の女性の一人でしょう。深草少将に百夜通わせても受け入れなかった女性です。こういう女性は今ではいないのです。

本当の女が願っている男は、永遠の命をはっきり受け取っている男性です。こういう男性を願っている女性が本当の女性ですが、こういう女性はいないのです。

聖書から見ますと、女性は罪人ではないのです。男性は罪人です。男性は自らの意志によって善悪の木の実を食べたのですが、女性はへびに騙されて食べたのです。だから、女は子を産むことによって救われるのです。

男子は十字架にかかって自分自身を捨ててしまわなければ救われないのです。女性の魂と男性の魂とではこのような違いがあるのです。男性の魂の方がはるかに悪いのです。

女性の美しさは肉体の美しさではないのです。魂の美しさです。男性が本来持つべき魂の美しさを、女性は肉体的に持っているのです。そこで男性が女性を好きになるのです。これが正しい男女関係の見方です。

永遠の愛、とこしえに通じる愛が分かる人は、今の日本にはいないでしょう。世界にもいないでしょう。

男は女が好きになれるほど物になるのですが、その前に男は悔い改めて福音を信じることをしなければいけないのです。霊魂の救いの方向に進むのでなかったらだめです。だから、聖書の勉強と、女性に恋をするということは、一つのことになるのです。

16. 顚倒夢想

最近、基本的人権ということをしきりに言われています。少し飛行機の音が大きすぎると、生活権の侵害になると言われるのです。隣の犬が鳴きすぎると、基本的人権に抵触すると言われるのです。

何かにつけて、基本的人権、基本的人権と言われるのです。基本的人権という面だけを強調しすぎると、人間は却って不幸になるのです。

基本的人権を強調すると、人間の魂がだんだんふやけてくるのです。人間が付け上がってくるのです。そうして、自分が偉い者だという錯覚を持つようになってくるのです。

人権というのは一体何から来たものなのか。人間は自分が生まれたいと思った訳でもないのに、人権が本当にあるのかということです。欧米思想が本当に人間に対して正当な理由を持っているかということです。

白人主義の考え方は大変な現世主義でありまして、人生の見方が偏向しているのです。偏重していると言った方がいいかもしれません。人間が現世に生きているということだけを考えているのです。

現在の文明も、生活ということばかりを考えているのです。基本的人権と言いましても、生活に関する自己主張ばかりです。生活に関する自己主張を基本的人権と言っているのです。

人間は生活するために生まれてきたのではないのです。生活は第二義的なものです。これは人間であることの不随行為のようなものです。

人間は働いて生活するために生まれてきたのではないのです。人間はまず人間であるために生まれてきたのです。この簡単なことが白人には分からないのです。白人は元来、狩猟民族の末裔であって、動物を殺して食べていたのです。こればかりをしていたので、白人の物の考え方は生活一辺倒です。

文明の文というのは綾模様という意味です。これは森羅万象の綾模様のことを言っているのです。仏教的に言いますと、曼陀羅ということです。胎蔵界の曼陀羅です。

物質的現象の世界は曼陀羅です。この綾模様を明らかにすることが文明であるはずです。ところが、西洋文明は文明ではないのです。ただの生活です。

シビリゼーション (civilization) という言葉は、市民生活とか、公民生活という意味になるのです。文化生活という意味になるのです。

白人の文明に関する考え方は、徹頭徹尾生活主義です。東洋人の考えはそうではありません。生活主義のシビリゼーションを文明と訳したのです。この訳し方は大変いいと思われるのです。

これは宇宙の森羅万象の意味を明らかにすることを示しているのです。「生を明らめ死を明らめるは仏家一大事の因縁なり」と道元禅師が言っていますが、道元禅師でなくても日本人は自然にそのように考えているのです。

生を明らめ死を明きらめるということをしていきますと、自ら万物の存在を明らめることになるのです。あきらめるとは明らかにするということです。

万物の存在を明らかにするのです。人間はなぜ死ぬのか。死んだ後にどうなるのか。なぜ死という嫌なものがあるのかということを明らかにするのです。これが本当の文明でなければならないのですが、こういうことを棚上げして、ただ生活ばかりを一生懸命にしている。政治家なら仕方がないとしても、私たちはそれではいけないと思うのです。

政治家は欲が深い人がなりたがるのでありまして、訳が分かった人はあまりなりたがらないようです。生を明らめ死を明らめたいと思っている人は、政治家になりたいと思わないでしょう。こういう人は人権、人権という考えには賛成できないと思われるのです。

人権、人権とやかましく言っている人々は、生活的な意味で人権を主張しているのです。人間は人生とは何かを知らずに生きているのです。結婚とは何かを知らずに結婚しているのです。なぜ死んでいくのかを知らずに死んでいくのです。これは危ないことです。全く危ないことです。親子とは何かが分からない。なぜ親の言うことを聞かなければならないのかと、子供が言うのです。産んでくれと頼まないのに産んで、なぜ親の言うことを聞かなければならないのかと子供が言うのです。ひどいものです。

親子とは何か。夫婦とは何か。貞操とは何か。こういう基本的なテーマが全く分かっていないのです。これは生活ばかりを考えているから自然にそうなってしまったのでしょう。

今の文明は人間をばかにしている文明です。白人がリーダーシップを取って、東洋人がそれに尻尾を振ってついて行った。その結果、とうとう文明がつぶれなければいけない状態になったのです。

文明は必ず潰れます。今の文明が長く続くはずがないのです。地球全体の運命として、食糧問題にしても、人口増加によって食糧や資源が追い付かなくなっているのです。文明は行き詰まらなければならなくなってしまったのです。

それは文明の本質が人間の本性に合わないものだからです。文明の制度が高い所ほど、人間の本質が悪くなっているのです。大都会ほど、人間の素質が悪くなっているのです。文明の度合いが低い所ほど、人間の素質が良いのです。文明の度合いが低い所ほど、健康的にも精神的にも人間らしい人間がいるのです。

文明の本質が人間の本質に適合していないことは明らかなのです。こんな簡単なことが今の人間に分からないのです。全く今の人間はばかです。何のために生きているのか分からずに生きているのです。そして死んでいくのです。せっかくの命を棒に振っているのです。

現在皆様は生きているのですから、それをよくよく考えれば、その命を棒に振らなくてもすむのです。

私たちは命の本質を弁えるために生まれてきたのです。私たちは森羅万象を通して、生を知ること、死を知ること、人間を知ることを目的にして生まれてきたのです。商売をするのも結構です。家庭を持つのも結構ですが、そうした人間関係を通して、人間とは何であるかを知ることが目的で生きているのです。

中国唐の時代に趙州《じょうしゅう》和尚という禅僧がいました。この人の所へある人がやってきて、「道場は一体どこあるのですか」と聞いたのです。「あんたは今どこから来たのか」と和尚が言うと、「あちらから来ました」。「どこへ帰るのじゃ」と聞くと、「元の所へ帰るのです」と言ったのです。

和尚は、「あんたは道場から来て、道場に帰るのだ。それが道場というものだ」と言ったのです。

家庭が道場なのです。道場とは悟りを開く場所という意味です。また、悟りという意味もあるのです。私たちは家庭生活をしたり、社会生活をしたりしていますけれど、これは道場にいるのです。

人生というものは本質的に道場です。私たちは現世でマイホームを楽しむために生まれてきたのではないのです。道場で悟りを開くために生まれてきたのです。

地球というのは神が人間に与えた住み処ですが、同時に教室でもあるのです。ところが、現在の文明は教室のガラスを叩き割ったり、教室の柱を切り取ったり、床をはがしているのです。壁に落書きをしたり、天井に穴を開けたりしているのです。

教室である地球を食い荒らしているのです。これを文明だと言っているのです。全くばかみたいなことをしているのです。

私たちは地球という教室において、人間完成のために学ばなければならないという重大な目的があるのです。これをしないで教室を食い荒らして、めちゃくちゃにしているのです。空を汚す。海を汚す。山を汚す。川を汚す。畑を汚しているのです。公害戦争、ゴミ戦争、交通戦争、受験戦争と戦争ばかりしているのです。こういうことは人間の本質から考えて、全く間違っていると言わなければならないのです。

私たちは生まれたいと思って生まれたのではないということを、よく考えなければならないのです。人生は本質的に自分自身の意志によるものではないということです。天の意志か、宇宙の意志か、人間以外のものの意志によるのです。

両親が子供を産もうと思っても、生まれるものではないのです。産まずにおこうと考えても、産まずにおれるものではないのです。

聞いた話ですが、ある人に止という名前の人がいました。八人目の兄弟ということで、親がもう産みたくないということで子供に止という名前を付けたのです。それで止まったかというと止まらなくて、また子供ができたのです。九番目の子供にお初という名を付けたら、ようやく止まったということでした。

人間が生まれるというのはこういうものです。親が産もうと思っても生まれるものではないし、本人が生まれたいと思って生まれるものでもないのです。人生は本質的に自分の所有物ではないということを、お考え頂きたいのです。これがはっきりしますと般若心経が分かってくるのです。

人生が自分自身のものだと考えている間は、般若心経をいくら読んでも分かるはずがないのです。聖書はもちろん分かるはずがないのです。

般若心経とか聖書とか言いますと、人生は自分で考えるからほっといてくれという人がいます。人生は自分で勝手にすると言っても、人生は自分のものではないのですから、勝手にという訳にはいかないのです。人生はある程度、他人に世話をやいてもらわなければどうにもならないのです。

現在の人間の物の考え方はすべて裏返しになっているのです。人権、人権とやかましく言いますけれど、人間の責任ということを全然考えようとしないのです。人権というのなら責任を考えなければならないのです。人間の責任があるのです。

人責を考えようとしないで、人権ばかりを主張するというのは、裏返った考えになるのです。般若心経に、遠離一切　顚倒夢想という言葉があります。人間の考えは顚倒夢想である。ひっくり返っていると言っているのです。逆立ちしているのです。

石が流れて木の葉が沈むという浄瑠璃の文句のようになっているのです。だから、人間の考えから遠離しなければいけない。遠く離れてしまえと言っているのです。

人間の思想は逆立ちしている思想です。人間が本当だと思っていることは、実は嘘です。正義だと思っていることは不義です。善だと思っていることが悪です。命だと思っていることは死です。人間の思想は大体において裏返っていると言わなければならないのです。

亀が喧嘩をすると相手を裏返えそうとするのです。裏返された亀はかわいそうなもので、自分でいくらもがいても甲羅がじゃまをして元通りにはならないのです。そのうちに干からびて死んでしまうのです。

今の人間もそのとおりです。ほっといてくれと言うけれど、ほっといたら人間は死んでしまうのです。死んだら地獄へ行くに決まっているのです。ほっとけないからこうして皆様にお話ししなければならないことになるのです。今の人間の考え方があまりにも間違っていますから、黙っておれないのです。だからこうしてお話ししているのです。

裏返った亀は自分で表返ることができないのです。他人に手伝ってもらわなければ、表返ることはできないのです。釈尊とかイエスという人たちに、世話をやいて頂こうと思っているのです。

イエスが復活したということは歴史的事実です。イエスが復活したという記念日を日曜日として休んでいるのです。イエスの復活を記念しているのです。

今年は二〇一五年ですが、イエスの誕生によって人間の歴史が新しく始まっているのです。イエスが死なない命を持ってこの地上に誕生したので、新しい歴史が始まった。これが西暦紀元です。

イエスが誕生したことを祝うのがクリスマスです。イエスが死を破って復活したことが日曜日です。イエスは暦年算定の基準になっていますし、皆様は日曜日という形でイエスの復活を経験しておいでになるのです。

皆様が御存知であっても御存知でなくても、知ると知らざるとに係わらず、イエスの復活と皆様の人生とは、重大な関係があるのです。

釈尊の悟りは東洋民族としての代表的な思想です。色即是空、五蘊皆空と言っています。五蘊というのは人間の考え方全体です。これが空っぽだと言っているのです。

五蘊皆空が分かりますと、初めて、自我意識の間違い、白人主義の考えの間違い、人生の捉え方の間違いという基本的な概念が分かるのです。

しかしこれだけでは救いがないのです。般若心経には悟りがありますが、救いがないのです。究竟涅槃というのは涅槃を突き止めることです。

涅槃というのはサンスクリット語でニルバーナーと言いますが、これは冷えて、消えてなくなってしまうことを言っています。これが空です。般若心経の中心思想は、人間が冷えて消えてなくなってしまうことを教えているのです。しかし、本当の命についての説明は全然していません。これが東洋民族のいいところです。また、東洋人の悪いところです。

聖書はイエスの復活において、宇宙の大生命のあり方を示しているのです。

仏法は徹底的に無を説いています。聖書は徹底的に命を説いているのです。従って、般若心経が前編になり、聖書が後編になるのです。両方で完全なものになるのです。

涅槃だけではどうしても分からないのです。般若心経を宗教的に取り扱っている人はたくさんいます。皆様の中にも般若心経に興味を持たれている方が多いと思いますが、本当の意味が分かっている人はほとんどいません。

般若心経はただ読んだり、唱えたりしていればご利益があると考えているのです。これはまんざらの迷信ではありませんが、これだけではご利益は非常に少ないのです。

ご利益の中心を獲得しようと思ったら、五蘊皆空が何であるかということを体得して頂きたいのです。空という思想を体得して頂きたいのです。そうしたら、初めて自分の考え方が全く見当違いであったということが、はっきり分かるでしょう。

その次に考えて頂きたいことは、今皆様が生きているということです。

皆様が空気を造っているのではありません。水を製造しているのでもありません。太陽光線を造っていませんし、地球を自転公転させている訳でもないのです。一体地球を回しているのは誰か。地球が自転公転しているのはどういう仕掛けになっているのか。仕掛けくらいの説明は自然科学でもできるかもしれません。

なぜ地球という妙なものがこの宇宙にあるのかということです。地球には森羅万象と称する全く複雑奇怪な生物、動植物、鉱物が山ほど集まっているのです。

アメリカのアポロ宇宙船が月へ到着して、月面の写真をたくさん送ってきましたが、全部砂漠です。生き物は一匹もいません。火星も金星も同じです。ところが、地球には森羅万象、生き物で満ち満ちているのです。

地球は物体ではないのです。生物です。地球自身が巨大な生き物です。だから生き物が無限に生まれてくるのです。もし地球がただの鉱物なら、生き物が生まれてくるはずがないのです。

地球は生き物です。生きているのです。生き物だから皆様が生まれてきたのです。

地球が生きているということはどういうことなのか。一九五三年にウォルト・ディズニーによって「砂漠は生きている」という映画が製作されました。砂漠だけが生きているのではない。地球全体が生きているのです。

地球が生きているというその命を皆様が捉えたら、皆様は死ななくなるのです。

イエスは地球が生きているという命を掴まえたのです。だからイエスは復活したのです。死を破ったのです。皆様も命の本質を掴まえたら死ななくなるのです。

死ぬのは命ではありません。命という言葉は死なないものをいうのです。

「生をあきらめ死をあきらめる」という道元禅師の言葉がありますように、本当に人生の実体を掴まえることができたら、皆様は死ななくてもいい人間になるのです。

死にたくないのに死ななければならないと考えるのは、負け犬の思想です。初めから負けることを知っていて、喧嘩をしているのです。自分は負けると思いながら喧嘩をしているのです。これは敗北主義です。

皆様は死ぬのは嫌でしょう。死ぬのが嫌なら、死ぬのが嫌だとはっきり言って頂きたいのです。私は死ぬのが嫌だと言ってみてください。そうしたら命を見つけることができるのです。

イエスは復活したのです。はっきり死を破ったのです。これは歴史的事実です。この歴史的事実の意味が分かれば、皆様もイエスと同じ運命に自分の魂を置くことができるのです。

まず五蘊皆空で、皆様の考えの根本が間違っていること、空であることを悟るのです。その次に、イエスの復活という宇宙的な大事件を率直に受け入れるのです。この二つを実行して頂いたらいいのです。

神を信じるということはただ思想の問題ではなくて、生活の問題になるのです。神を信じるというのは神を生きることです。神に生きることです。これを意味するのです。従って、キリスト教の教義を勉強してもなかなかできることではないのです。

聖書とキリスト教は違うのです。キリスト教はイエス・キリストの贖いを信じれば救われるということを教義にしています。これは間違っていません。問題はイエス・キリストを信じるとはどういうことなのか。どのように信じるのか。贖いの実体は何であるのか。人間の命とイエスの贖いとはどのような関係になるのか。これが宇宙的にはどのようなことであるかということです。

これをもう少し詳しく言いますと、物理的にいうとどういう説明ができるのか。生理的にはどのような説明ができるのか。どのような面からでも、十分に説明できるのでなければいけないのです。

宗教にはキリスト教だけでなくて、どんな宗教でもすべて教義があるのです。教義を教えるのが宗教です。聖書は教義ではないのです。聖書はイエスの実体を書いているのです。

聖書で、「すべて重荷を負うて苦労をしている者は、私の元に来なさい。あなたがたを休ませてあげよう」とイエスが言っています（マタイによる福音書11・28）。

イエスが私に来なさいと言っているのです。これはキリスト教に来なさいという意味ではありません。イエス自身に来なさいと言っているのです。イエスという人間存在、イエスという存在に来なさいと言っているのです。

イエスが生きていたという立場で生きなさいということです。

「よくよく言っておく、人の子の肉を食べず、またその血を飲まなければ、あなたがたの内に命はない。私の肉を食べ、私の血を飲む者には、永遠の命があり、私はその人を終わりの日に甦らせるであろう」とイエスが言っているのです（ヨハネによる福音書6・53、54）。

イエスの肉を食べること、イエスの血を飲むことです。これが聖書の信仰です。

般若心経にも同じことが言えるのです。観自在菩薩が般若波羅蜜多を行じていた者に、五蘊皆空であることを照見した。悟りを開いて大成したと言っているのです。

般若心経は六百巻余りの膨大な般若経典を要約して、その中心思想を捉えたものですが、大般若経の内容は釈尊の悟りを説明しているのです。釈尊が自分の悟りを説明しているのです。

観自在菩薩というのは、釈尊の悟りを観自在菩薩という名によって発表しているのです。釈尊は宗教家ではありません。王家の皇太子でした。宗教的には素人です。イエスは大工の青年でした。釈尊もイエスも宗教家ではなかったのです。大工の青年とか、王家の皇太子が人生をまともに考えて、人生の究極を極め尽したのです。この事実が般若心経と聖書に現われているのです。

般若心経は釈尊という人間の思想ではなくて、観自在菩薩の思想として説いているのです。これはどういう意味かと言いますと、釈尊という人間の中に仏性があるのです。この仏の性に基づいて悟りを開いたのです。これは人間の悟りではなくて、観自在の悟りなのだということになるのです。

人間が悟りを開けば禅宗のようなものになるのです。人間が悟ること、また人間が信じることは宗教です。聖書はイエス・キリストの信仰でなければだめだとはっきり言っているのです。キリストを信じるということは、イエス・キリストの信仰に合一することです。キリスト教を信じるのではなくて、イエス・キリストという人の人生と、自分の人生が一つに解け合うことを意味するのです。これをイエス・キリストを信じると言っているのです。従ってこれはキリスト教を信じることとは違うのです。

聖書はイエス・キリストの信仰を中心にしている。般若心経は観自在菩薩の悟りを中心にしている。これはどちらも人間の悟り、人間の信仰ではありません。人間離れしているのです。

本当の意味での空が分かりますと、自分自身が生きている事がらが、空であることがはっきり分かるのです。

イエス・キリストの信仰も同様です。実は皆様が生かされているという事実、皆様の目が見えること、耳が聞こえるという事実、心臓が動いているということが、皆様方と共にいます神の力が、そのまま顕現しているのです。

皆様と共にいます神、インマヌエルの神がイエスの救いです。皆様の心臓が動いているという事実が、神という事実なのです。

皆様は心臓が動ているから生きていると考えやすいのです。これは反対です。間違いです。心臓が動いているから生きているのではありません。生きているから心臓が動いているのです。

命があるから皆様は生きているのです。この命は皆様個々の命ではありません。例えば、山川さんの命、西村さんの命、田中さんの命があるのではありません。命は宇宙に一つあるだけです。宇宙に一つある命が皆様に現われているのです。従って、命が何であるかが分かりさえすれば、皆様は死ななくなるのです。宇宙が死なないように、宇宙が永遠に死なないように、皆様も永遠に死なないのです。

命の本質を知るために、まず観自在菩薩の悟りによって空を弁えること、イエス・キリストの信仰によって、神の子である自分自身の実質をはっきり知ることです。そうして神に生きることです。自分自身に生きないで、神に生きるのです。これが命なのです。

イエスの復活は歴史的事実です。聖書が毎年百五十億冊も発行されていると言われていますが、断トツの世界最高の超ベストセラーを続けているのです。

聖書の中心思想はイエスの復活でありまして、イエスの復活が新約聖書に書かれているのです。だから、毎年百五十億冊も売られているのです。もしイエスの復活が嘘であれば、毎年百五十億冊もなぜ売れ続けるのでしょうか。

しかも皆様はイエスの復活記念日を一週間に一回ずつ、日曜日という形で休んでいるのです。こういう歴史的な必然性があるのです。

人間には知らないことがたくさんあるのです。現在自分自身で実行していながら、その意味が分からないことがたくさんあるのです。イエスの復活もその一つです。

般若心経にある無明と老死のことですが、無無明亦無無明尽　乃至無老死亦無無老死尽とありますが、これは十二因縁のことを言っているのです。これは仏教の教義です。また、無苦集滅道とありますが、苦集滅道とは四諦のことです。四つの知恵のことです。

般若心経は十二因縁とか四つの悟りというものも、実はないのだと言っているのです。これは人間が死ななくなるということではないのです。

老死というのは年が寄って死ぬのではなくて、十二因縁の中の用語です。仏教教学の用語です。これを般若心経は説いているのです。

仏教の四諦八正道とか十二因縁という仏教教義も、無用のものになるのです。人間の頭で考えている知識とか常識が全部空なのだから、仏教の教義も無であると言っているのです。

老死は死ななくなるという意味ではなくて、老死という教義を指しているのです。

仏教には一人ひとりに因縁があると言っています。因縁というのは親から受け継いだ気性とか、その人の持ち前、例えば情緒的な人とか、理論的な人とか、行動的な人とか、人間はそれぞれ個性がありますが、その個性のあり方によって早く分かる方もありますし、またそうでない人もいるのです。

聖書的な言い方をしますと、「求めよそうすれば与えられるであろう」ということになると思います（マタイによる福音書7・7）。求めよとは英語でアスク（ask）となります。アスクなさることが一番必要です。これは仏法の方でも、疑団を持てと言います。菩提心というものがアスクする心をいうのです。

釈尊は生老病死の四つの苦しみが人間にあるのはなぜかという大きな疑問を感じたのです。人間にはどうしてこの四つの苦しみがあるのか。これを悟りたいと考えてバラモンの道場に入ったのです。これが菩提心です。菩提を求める心です。

この菩提を求める心と、求めよそうすれば与えられるというイエスの言葉とは、本質的には同じことを言っているのですが、ただ聖書の場合には何をアスクせよとは言っていないのです。

求めよそうすれば与えられるというけれど、何を求めるのかと言っていないのです。例えば、救いを求めよとか、神を求めよとか、悟りを求めよとかと言っていないのです。ただ求めよと言っているのです。

皆様が生きているということが、求める対象になるのです。自分が生きているというそのことです。これは間違いのない事実でありまして、これは宗教でも哲学でもありません。実際的に生きているのです。

生きているというはっきりした具体的な事実を私たちは持っているのであって、この意味をアスクするのです。生きるという事実の意味をアスクするのです。これをイエスが求めよと言っているのです。

これを実行すればいいのです。やり方はいろいろあるでしょう。般若心経を読むということも方法ですし、聖書を読むことも方法ですけれど、個人個人が勝手に読んでいてもなかなか分からないのです。そこで若干の人が集まって話し合うことが必要になるのです。

イエスも、「二人または三人が私の名によって集まっている所には、わたしもその中にいる」と言っているのです（同18・20）。

こういう言い方は仏典の中にもあるのです。結局人間が一人で勉強しているよりも、三人よれば文殊の知恵と言うように、お互いに集まって勉強するということが一番良いのです。

宗教ではなくて、率直に、生きているという事実をテーマにして話し合うのです。

般若心経や聖書が難しいもののように考えられているのは、専門家が占領してそのように言っているからです。般若心経を仏教者が占領している。聖書をキリスト教の牧師さんが占領しているのです。こういう人たちが、般若心経や聖書を難しいもののように言うのです。だから難しいもののように思われているのです。

イエスというのは大工の青年です。釈尊は皇太子です。こういう素人が神を見たり、仏を見たりしているのですから、宗教ではだめです。

専門家の手に聖書を任しておくのはよくないのです。専門家の手に般若心経を任しておくのはよくないのです。宗教的な観念で般若心経や聖書をいくら読んでも、本当のことは分かるはずがないのです。

率直に心を開いて話し合うのです。これが一番いいのです。私がいつも言っていることですが、愚直であること、率直であること、そして廉直であること、この三つの直でなければいけないのです。

宗教家は愚直でもないし、率直でも、廉直でもないのです。お坊さんは生活のことがありますから、廉直ばかりを言っておれないのです。愚直、率直に言いすぎると、信者に嫌がられるからです。だからなるべく真綿で首を絞めるような言い方をするのです。

そういう遠慮するようなグループではなくて、はっきり物を言い合うようなグループができたらいいと思うのです。

人生が本当に新しくなるという事実があるのです。人間の実体は何かと言えば、思いです。思念、または思想が人間の実物です。

肉体が人間であるように言い、考え違いしていますけれど、皆様が正常な意識を持って生活している状態を、法律では人間と言っているのです。正常な意識があるかないかで、人間であるかないかが決定されているのです。

人間の本質は肉体ではなくて思いです。これは唯心論や唯物論とは違います。当たり前のことです。その人の思い方、考え方がその人の健康、家庭生活、職場生活にも自然に現われるのです。

だから思いを更えて新にしたらいいのです。思いを本当に更えれば死なないことが分かるのです。

死ぬということを言いますけれど、現世を去ることが死ぬということではありません。現世を去るのは新陳代謝の現象です。これはやむを得ないことです。これは一つの欠落状態です。このような状態はありますけれど、死ではありません。

現世を去るだけのことです。現世を去ることと死ぬこととは違うのです。

死ぬというのはその人の魂がお先真っ暗になることです。魂が働かなくなることです。固定してしまうことです。思想や思念が固定してしまうことが死ぬことです。ですから、皆様の頭が固定しないようにいつもかき回しているといいのです。

般若心経を取り上げるとか、聖書を取り上げるとかをして、自分自身の思想を引っ掻き回すのです。そうしていけば思想的活動能力がどんどん向上するのです。

魂という言葉の意味、内容を宗教家ではっきり説明できる人はいないでしょう。なぜかと言いますと、宗教家は教義を問題にしているのです。

ところが、魂は事実を意味するのです。これは宗教ではありません。霊魂という言葉は聖書にはありません。霊と魂はあります。霊と魂は内容が違うのです。

魂は英語でソウル（soul）です。霊はスピリット（spirit）です。スピリットソウルという言い方はありません。

魂とは皆様が現在生きていることです。皆様の目が見えること、大脳神経が働いていること、考えたり、仕事をしている状態が魂です。これは生態と言った方がいいかもしれないのです。これが生理機能の面です。

もう一つは人間の心理機能の面があるのです。生理機能と心理機能の面を一括して魂というのです。

今皆様は何を考えて暮らしているのか。自分の命をどのように考えて生きておいでになるか。これが皆様の魂の状態です。

例えば、物質現象が存在すると考えているとします。やがて、心臓が止まって、大脳が働かなくなりますと、意識はなくなります。そうすると、今まで皆様が考えていた常識とか知識の内容が固定するのです。これが死の状態です。皆様の魂は眠るような状態になるのです。

ところが、眠った魂は必ず目を覚ますのです。これが恐いのです。眠るだけならいいのですが、必ず起こされるのです。死んでしまえばそれまでだという人がたくさんいますが、そんなばかなことはないのです。

現世に生きている人間が、良かれ悪しかれ色々なことを考えて生きていた。喜怒哀楽を考えて生きていた。この人間が死んでしまえば消えてしまうというばかなことはありません。人間はシャボン玉ではありませんから、消えてなくなることはないのです。人生で経験した思想状態、思いの状態が、そのまま固定することになるのです。これが眠りです。永眠です。

永眠はある一定の時間がたちますと、やがて起こされる時が来るのです。それから神の裁きが始まるのです。良い者は神の倉に入れられ、悪い者は消えない火で焼かれることになるのです。これが恐いのです。皆様は消えない火で焼かれることのないようにして頂きたいのです。

17. ユダヤ人が回復すれば、地球上から犯罪、自然災害、一切の病気が消滅する

ユダヤ人が回復すれば地球上から強盗、傷害、殺人、紛争、戦争がなくなり、地震、台風、噴火、洪水、旱魃、飢餓等の自然災害、ガン、心臓病、脳卒中、エイズ、伝染病等あらゆる病気が消滅する。こんなことは現代人にはとうてい信じられない、荒唐無稽な夢物語のように思えるのでしょう。

これが絶対に実現すると、私が断言する根拠はどこにあるかと言いますと、神がユダヤ人に与えた約束があるからです。神は、アブラハムに次のような約束をしました。

「私はあなたを大いなる国民とし、あなたを祝福し、あなたの名を大きくしよう。あなたは祝福の基となるであろう。あなたを祝福する者を私は祝福し、あなたを呪う者を私は呪う。地のすべてのやからはあなたによって祝福される」。

「私はあなたに多くの子孫を得させ、国々の民をあなたから起こそう。また、王たちもあなたから出るであろう。私はあなた及び後の子孫と契約をたてて、永遠の契約とし、あなたと後の子孫との神となるであろう」（旧約聖書創世記12・2、3。17・6、7）。

神は、私はあなたを大いなる国民とし、あなたを祝福し、あなたの名を大きくしようと言っていますが、この神の約束は絶対です。神が約束した以上、必ず実現されるのです。神が約束を破れば、神が神でなくなるからです。一体、この約束が実現された場合に、どのような世界

が現われるのか。現在の人間にとって全く想像に絶する至福の世界が現われるのです。

ダビデは、「神の栄光が現実において、具体的に示されなければ神を信じない」と言っています。これはユダヤ人の共通認識です。旧約聖書に出てくる多くの預言者も、イスラエルが悔い改めれば、驚くべき平和がくることを、繰り返し述べています。

新約聖書も全体にわたって、この思想が述べられています。ヨハネの黙示録の二十章一節から六節にわたって、千年間の絶対平和、千年王国が到来することを述べています。

それから、千年王国が必ず実現するという根拠は人類に秘められた悲願です。人類は長い間、犯罪のない世界、戦争のない世界、自然災害、病気のない世界の実現を願ってきました。六千年の間、願って、願って、願って止まなかったのです。これは人類の本心に秘められた悲願でした。神が人間の本心に密かに植え込んだ時限爆弾で、これが必ず実現するのです。これが千年王国です。

現在、ユダヤ人を通して悪魔が世界を支配しています。世界に戦争、紛争、謀略、殺人、詐欺、犯罪が多発していること、そして人間が死んでいくこと、人間が死を認めていることが、悪魔の支配を証明しています。やがてユダヤ人が悔い改めて、悪魔に対する神の完全勝利が証明される。これが千年王国です。悪魔が滅ぼされて神が完全に勝利した事実が、現実において具体的に実現されなければならない。悪魔に対する神の完全勝利が証明されるのが、千年王国です。

これは必ず実現されるのです。天地宇宙の主催者であり、地球を造った神は、力ずくで悪魔を滅ぼすのは何でもないことですが、これをすると悪魔の怨念が永遠に残るのです。神は悪魔の怨念が残らない方法を狙っている。これが悪魔の自滅です。悪魔が自滅すれば神の完全勝利が確定するのです。そのために悪魔にやりたいことをやらせているのです。神は悪魔が自滅するのをじっと待っているのです。やがて悪魔が完全に自滅する時が来るのです。これが新約聖書のヨハネの黙示録に詳しく記されています。

旧約聖書によれば、ユダヤ人の祖先のアブラハムが、人類の中で一番最初に本当の神を発見しましたが、その功績によってユダヤ人を中心にして世界を運営することを、約束したのです。これがユダヤ人が「約束の民」である所以です。

ところが、ユダヤ人は約束の真意を全く理解せず、ただユダヤ民族だけの幸福を考えて、勝手横暴な生き方を始めた。これが、世界が混乱している根本原因です。そのために人類が大迷惑をしているのです。

ユダヤ民族は良い意味でも悪い意味でも他の民族からとび抜けています。すばらしい人もユダヤ人ですし、極端に悪い人もいます。すばらしすぎるほどすばらしい人もいますが、中には世界全体を害毒で泥まみれにしてしまう言語道断な人もいるのです。神的な面と、悪魔的な面とが同居している民族ですが、うなじがこわいという点からだけ考えますと、悪い人は悪い人なりにこわい、良い人は良い人なりにうなじがこわいのです。

だからこそ、ユダヤ人によって四千年もの間、旧約聖書の神の約束が保たれてきたという事実があるのです。ふにゃふにゃした民族なら、うなじがこわくない民族なら、とっくに神の約束は消えてしまっているのです。

未だに旧約聖書が世界人類の指導原理になっているという事実は、うなじがこわい民族が約束を受け継いで、握り込んでいるからだと言えるのです。良い意味においても悪い意味においても、神的な、また悪魔的な民族なのです。他の民族とは違っています。だから日本人の常識くらいでは、ユダヤ人問題の真髄には触れることはできないのです。入口には触れても、真髄には触れられないのです。

とにかくユダヤ人の精神状態が直れば、人類全体の根底が変わってしまうのです。その点に非常に大きな希望が持てるのです。ユダヤ人が悪くなりますと、文明は完全に滅んでしまいます。ユダヤ人学者が核兵器の研究、製造をしました。核兵器が世界に拡散してどうにもならない状態になっています。この行方もユダヤ人が握っているのです。イチかバチかのキャスティングボートを握っているのが、ユダヤ人というやっかいな民族なのです。

ユダヤ人問題とは何か。ユダヤ人問題は、現代文明のテーマでありまして、この真髄が分かる人は日本では非常に少ないのです。

日本は文明国の中で一番遅れていた国であって、日本がようやく世界の仲間入りをしたのは、日露戦争が終わってからなのです。日本はほとんど白人社会の中では問題にされていなかったのです。今でもヨーロッパでは、経済問題をのぞくと、日本をあまり重要視していないようです。

日本の歴史が非常に立ち遅れていたこと、また、日本が地理的に東の果てに位置していたこと、そんな関係で外国の影響を受けることが少なかったので、ユダヤ人についての見解が非常に弱かったのです。

ユダヤ人は現代文明をリードしている民族です。現代文明を承認して賛美するような立場で考えますと、ユダヤ人ほど傑出した民族は他にいません。現世で、一番すばらしいのがユダヤ人です。

ところが聖書的に見ますと、一番悪いのです。現世を引きずり回しているのがユダヤ人なのです。現世を引きずり回していることが、人類に永遠の命の理想を示していないことになるのです。つまり現世に生きていることだけが、人間のすべてだと思わせているのです。

この世で王国を造ることがユダヤ人のねらいです。この世で生きていることだけで考えますと、ユダヤ人ほど立派な民族はいないのです。日本人など問題にならないのです。

イエス・キリストはユダヤ人です。世界歴史の流れで、良い意味で特筆大書されている人は、ほとんどユダヤ人です。また、一番悪い人もユダヤ人です。どう悪いかと言いますと、生活主義、肉欲主義、欲望主義をまき散らしているのです。これが現世のユダヤ人の特長です。これは一種の陰謀であって、そうすることによって、彼ら自身が儲けなければならないからしているだけのことなのです。

私はユダヤ人に反省を促すことが目的で、色々な本を書いているのです。ユダヤ人さえ良くなれば、世界は良くなるに決まっています。

ユダヤ人が祖先のような状態に帰れば、世界は良くなるに決まっています。世界は驚くべき平和な状態になります。地震、台風、噴火、洪水、旱魃、飢饉という自然災害が全くなくなり、ガン、エイズ、あらゆる病気が消滅し、強盗、傷害、殺人、紛争、戦争がない世界が実現するのです。

ユダヤ人が一番大切な民族であるから、私はユダヤ人をぼろくそに言うのです。一番かわいいから、一番ぼろくそに言うのです。

ユダヤ人に反省を促すことが、全世界に平和をきたらせる唯一無二の方法なのです。日本がいくら経済的に有力な国になったところで、とてもユダヤ人の真似はできないのです。

ユダヤ主義は現世に生きている人間の欲望主義であって、ユダヤ人は現世的にはすばらしく傑出した大民族です。ところが、人間は命が中心であって、現世の生活が中心ではないのです。人間の本質は魂ですが、それを生活が中心であるように言いふらして、その方向へ世界全体を引きずっていったのは、ユダヤ人なのです。

ユダヤ人の考え方が悪いために、全世界が物質文明に引きずり回されているのです。この物質文明はやがて大混乱をきたらすでしょう。にっちもさっちもいかない状態になるに決まっています。要するに、人間は般若波羅蜜多をすること、彼岸へ渡ることが目的なのです。新約聖書で言えば神の国を見つけてそこに入ることです。現世で生活することが目的ではありません。日本も経済大国になることが目的であってはいけないのです。

日本は単一民族ではなくて、二通りの種族があると言えます。天皇の一族から別れた一族と、日本に土着していた一族です。ユダヤ人も現世主義のユダヤ人と、神の国の実現を狙っているユダヤ人と両方あります。

ユダヤ人が狙っている神の国とは、全世界の完全な平和を意味するのです。戦争をなくすことだけではだめなのです。ただ、核兵器をなくせばよいというのは、非常に安直な考えで、戦争はなくなっても人間の中にある泥棒根性はなくならないのです。

泥棒根性がある間は本当の平和は実現しません。やはり強盗や殺人をする人がいるのです。刑務所が繁盛するようでは、本当の平和とは言えないのです。不良の徒がいるようでは本当の平和とは言えないのです。

一番大きな問題は、ユダヤ人が世界の文明を壟断しているということです。このために世界の完全平和の実現が妨害されているのです。

世界に完全平和が実現するというのは、復活したキリストが地球上に顕現することです。

日本人にはキリストとは何のことか分からないでしょう。宗教の指導者くらいにしか考えられないかもしれませんが、これは宗教の問題ではなくて、人類の運命を左右する歴史的な大問題なのです。

キリストというのは、万物と人類を救う地球計画です。地球にある悪、死を滅ぼして、地球を完全無欠なものに進化させようという大計画がキリストです。キリスト以外には、行き詰った文明を打開する方法は全くないのです。

イエス・キリストは十字架につけられて殺されましたが、三日目に復活しました。キリストによって死が破られたのです。その結果、すべての人に死なない命、永遠の命を得るチャンスが与えられたのです。

これは人間歴史の中で一番大きなテーマであるのに、ユダヤ人がこれをひた隠しにしているため、人類は未だに「人間は死ぬものだ」という迷信を信じ込まされ続けているのです。やがて、ユダヤ人の誤りが完全に露呈される時が来るでしょう。

キリストは復活してどこかにいます。パウロは、「キリストは復活して、第三の天にいる」と言っています。第三の天というのは私たち日本人には全く馴染みのない言葉ですが、第一の天は目に見える現象世界です。第二の天は学問で考えている世界です。第三の天はキリストが復活してできた天で、キリストの復活を信じる人々の信仰の中にある世界です。

第三の天にいるキリストは、現実の世の中に現われなければならないのです。旧約時代のダビデは、「現実の世界で神の救いが実現しなければ、聖書を信じない」と言っていますが、私もそう言いたいのです。

もしキリストの復活が本当であるなら、地球上へ現われて来なければならないのです。その能力がないキリストなら、復活していることが嘘です。

そのためにどうしてもクリアーしなければならないのは、ユダヤ人問題です。ユダヤ人がキリストの復活を受け入れなければ、キリストの再臨は実現しないのです。

イエスは言っています。「ああ、エルサレム、エルサレム、預言者たちを殺し、おまえにつかわされた人たちを石で打ち殺す者よ。ちょうど、めんどりが翼の下にそのひなを集めるように、私はおまえの子らを幾たび集めようとしたことであろう。それなのに、おまえたちは応じようとしなかった。見よ、おまえたちの家は見捨てられてしまう。私は言っておく、『主の御名によって来る者に、祝福あれ』とおまえたちがいう時までは、今後ふたたび私に会うことはないであろう」（マタイによる福音書23・37〜39）。

エルサレムは地球上に存在する都市です。エルサレムにいる人々が、キリストの再臨を待望しなければ、キリストは来ないのです。

旧約聖書は「オリブ山（橄欖山）に彼の足が立つ」とはっきり預言しているのです（ゼカリア書14・4）。オリブ山に住んでいる人々がイエス・キリストを歓迎する気持ちにならなければ、オリブ山にキリストの足が立てないのです。キリストの再臨は不可能です。

創世記の第三章に「彼はおまえのかしらを砕き、おまえは彼のかかとを砕くであろう」とあります（3・15）。キリストは悪魔の脳髄を叩き割った。ところが悪魔も負けてはいない。キリストの踵を砕いたのです。アキレス腱が切れると歩けなくなるのです。キリストの踵は何かと言うと、ユダヤ民族のことです。キリストの踵は現在、悪魔によって砕かれているのです。

イエス・キリストの十字架によって、悪魔の考え（死）が完全に滅ぼされましたが、ユダヤ人たちは依然として「人間は死ぬものだ」と考えて、死に基づいて文明を形成しているのです。これがキリストの踵が砕かれていることになるのです。

ユダヤ民族が普通の民族ならいいのですが、人類の長子として世界を指導する役目を与えられているのです。このユダヤ人が悪魔の考えに捉われている。これが困るのです。

かつて、ユダヤ人の祖先アブラハムが、人類で最初に本当の神を発見したのです。その結果、人類を指導し、ユダヤ人によって恵みを与えられるという約束を、神がしました。将来、地球にユダヤ人を中心とした驚くべき平和、絶対平和を実現することを、神はアブラハムに約束をしました。この約束に基づいて、千年間の絶対平和が必ず実現するのです。

ユダヤ民族は、「約束の民」であるとされていますが、それは約束を正しく理解することを条件としているのです。

現在、人類の指導を許されているユダヤ人が、自我意識に基づいて文明を支配しています。これは悪魔の手下になっていることを意味し、キリストの踵が砕かれていることなのです。

私は生涯をかけてキリストの踵を修理したいと考えているのです。日本人はどうでもいいのですが、まず日本人を相手にしなければ、踵の修理ができないから、日本人に伝道しているのです。例え、ごまめの歯ぎしりであっても、まず日本で本当の福音が広がらなければ、ユダヤ人を動かすという気風がこの地上に出現しない。共にイスラエルのために祈るという人々がいなければ、祈るという気風が出て来ないのです。

イスラエルのために祈るという事実が発生しなければならない。この事実が発生すると、第三の天にいるキリストが現実的に地上に下りて来たことになるのです。

私が今いるのは、第三の天にいるキリストの代わりに肉体的に地上にいるのです。キリストの再臨を具体化するため、全世界に本当の平和をもたらすために、今地上にいるのです。千年間の絶対平和を実現するためなのです。

この地上から砂漠がなくなること、地震、台風、洪水、旱魃、冷害、飢饉、噴火、竜巻、疫病がなくなること、一切の犯罪がなくなり、全世界から刑務所と病院、軍隊がなくなることを、私は切に願っているのです。そういう世界を実現することが、神の目的、キリスト再臨の目的なのです。これを絶対に実現しなければならないと、私は考えているのです。

そのためには、ユダヤ人がキリストを歓迎しなければならないのです。エルサレムの住民とオリブ山（橄欖山）に住んでいるユダヤ人が、イエスがキリストであると言い現わすのでなかったらキリストは来ない。そうしなければ世界に完全平和は実現しないのです。犯罪のない世界の実現は今の政治状況では不可能です。ガン、エイズ、伝染病が一切発生しない世界にすることは、今の医学では不可能です。地震、台風、竜巻、洪水をなくすことはできないのです。

キリストが再臨しますと、これらがすべて完全に実現するのです。

今まで、アメリカ、イギリス、フランス、中国による二千五百回以上に及ぶ、大気圏内における核実験によって、ストロンチウム90等の恐るべき放射能物質が地球上に放出されました。これが地球を取り巻いています。雨が降るたびに、その害毒が地上に降り注いでいるのです。

これをどのように払拭するのでしょうか。これを払拭するためには地球全体が癒されなければならないのです。上昇気流が清められと空気が清くなります。この神の業をしてもらう以外に、原水爆の汚染を地球上からなくすことはできません。これをしなければ世界に絶対平和が実現しないのです。

聖書はこれが実現できるとはっきり預言しているのです。聖書によれば死海の底に驚くべき鉱水が埋蔵されています。地質学で大体分かるようですが、発掘できないのです。これが世界の七つの海を清めるのです。これは聖書にはっきり預言されているのです。

「その日には彼の足が、東の方エルサレムの前にあるオリブの山の上に立つ。そしてオリブ山は非常に広い谷によって、東から西に二つに裂け、その山の半ばは北に、半ばは南に移り、わが山の谷が塞がれる。裂けた山の谷が、そのかたわらに接触するからである。その日には、生ける水がエルサレムから流れ出て、その半ばは東の海に、その半ばは西の海に流れ、夏も冬もやむことがない」(ゼカリア書14・4～8)。

「この水は東の境に流れて行き、アラバに落ち下り、その水がよどんだ海に入ると、それは清くなる。およそこの川の流れる所では、もろもろの動く生き物が皆生き、また、はなはだ多くの魚がいる。この川の流れる所では、すべてのものが生きている。川のかたわら、そこの岸のこなたかなたに、食物となる各種の木が育つ。その葉は枯れず、その実は絶えず、月ごとに新しい実がなる。これはその水が聖所から流れ出ているからである」(エゼキエル書47・8～12)。

この生ける水が世界中の害毒をすべて薬、肥料に変化させてしまう。こうして地球は驚くべき豊かなものに変化するのです。

聖書の預言は一分一厘の狂いもなく実現されるでしょう。

私たちが住んでいる地球は、伝染病が発生したり、いつ病気、交通事故、台風、噴火、地震が発生するか分からない、危険な状態にあるのです。

私は神戸市のすぐ隣の三木市に住んでいますが、神戸には地震が発生しないと言われてきました。私は阪神淡路大震災が起きる一年前の著書で、神戸にも大地震が起きる可能性があるから気をつけた方がいいと書きましたが、誰も信用しませんでした。ところが、関東大震災に次ぐ大地震が発生して、数十万戸の家屋、ビルが倒壊し、六千人以上の人が死亡、数万人の人々が負傷するという大惨事になりました。神戸には地震はないという人々の考えは、見事に否定されたのです。

こんな地球を完全な地球だと思わないで頂きたい。そう思うのが間違いなのです。死ぬに決まっている人間、いつ伝染病にかかるか分からない人間、砂漠が広がり、地震、洪水、台風、疫病が多発している地球を、上等な地球だと思っている現代文明の感覚が間違っているのです。

今私は福音を日本人に伝えるより、ユダヤ人の覚醒を促して世界の平和を実現すること、キリストの再臨を実現することの方が重大なことだと考えているのです。何万人、何十万人の日本人が救われるより、世界全体が救われる方が大切なのです。

だから私は微力ですが、死力を尽くしてユダヤ人の回復のために祈っているのです。現在もなお二千万人ほどの人が割礼を受け継いで伝統を守っているのです。この中心の人々がロシアやアメリカ、ヨーロッパの陰で、現代文明をリードしているのです。彼らはアメリカやロシアの国を覆す力を持っている。そういうユダヤ人を、神は呼び覚ましてくださると確信しているのです。そのような預言が聖書にあるからです。

聖書の言葉によれば、その中の若干の人々が、本当の福音に接触する可能性があるのです。彼らが、生ける神、ザ・リビング (the living)、生きていることの実体が神であるということに目覚める時が来るのです。

本当の救いは天にあるものでもないし、極楽にあるのでもない。今、現実に生きている人の中にあるのです。これを証明できる人が、日出ずる所から出る東方の天使です。生ける神、命なる神、誠の神はリビングそのものです。リビングが神の実体であることをはっきり言い表すグループが、日出ずる国、日本から誕生することを、聖書ははっきり預言しているのです。

（ヨハネの黙示録7・1〜3）。

聖書に、「わが僕イスラエルのために、われ汝の名を呼べり」という言葉があります。この言葉を私に与えられたものとして受け取り、世界に千年間の絶対平和をもたらすために、奮起しているのです。

人間文明の最終に、千年間の絶対平和、完全平和が実現するでしょう。これは二十一世紀に必ず実現しますが、その前にどうしてもクリアーしなければならないのは、ユダヤ人がイエス・キリストの復活、再臨を受け入れるということです。

ところが、これはとても難しいことなのです。ユダヤ人の頑冥さは底が知れません。三千年にわたって、神の福音を拒み続けてきました。もしユダヤ人たちがこのまま福音を拒み続ければ、私が最も懸念する未曾有の不幸が世界を覆うでしょう。

私は心からユダヤ人を敬愛しています。イスラエルに友人がいますが、その人々の上に襲いかかる惨状を考えると、胸が張り裂ける思いがします。私は何とかしてそれを食い止めたいと思いますが、現状ではそれは無理でしょう。

やがて世界の人々が、「私たちはユダヤ人に騙されていた」と言い出して、全世界にユダヤ人迫害の嵐が沸き上がるでしょう。ヒットラーによって、六百万人のユダヤ人が惨殺されましたが、これはヨーロッパだけで起こったことです。それが全世界的規模で発生するでしょう。

それを契機にして、世界最終戦争が勃発するのです。人類は、ありとあらゆる兵器、細菌、毒ガス兵器、貯蔵してあったすべての核兵器を使用するでしょう。それに加えて、神自身が人類に真っ向から挑戦状をたたきつけるのです。未だかつて、神が本当に挑戦状をたたきつけたことはなかったのです。神が本当に怒ったらどれほど恐ろしいことになるのか、想像できないのです。

最近アメリカの探査機が火星を詳しく調べた結果、かつて火星に大量の水があったことを確認しました。それがどうなったか分からないのです。現在は全く水がないのです。旧約聖書にありますが、かつて人の悪がはびこり、暴虐が地に満ちた時、神は人を造ったことを悔いて、すべての人と獣と這うもの、空の鳥を滅ぼすことを決意して大洪水を起こした。これが「ノアの洪水」と言われる事件なのです。

その時、「大いなる淵の源は、ことごとく破れ、天の窓が開けた」とあります（創世記7・24）。天の窓が開けるという大異変が起こって、火星にあったすべての水が地球に移動したのです。その水が多すぎるので、現在南極と北極に氷になって蓄えられているのです。今の天文学から考えると、全くお伽噺のように思えますが、実際に起きた事件なのです。

天地を創造した神はこういう破天荒なことをするのです。地球を破壊することくらいは何でもないのです。電子の回転を止めれば、地球は一瞬のうちに消えてしまうのです。

地球を未だかつてない大災害が次々に襲うでしょう。新約聖書の黙示録には、二十一段階にわたって神の怒りの爆発の様子が詳しく書かれていますが、あまりに恐ろしい内容なのでここで書き記すことはできません。知りたい人は黙示録を静かにお読み頂ければ、その惨状をお分かり頂けるでしょう。

これが「大艱難時代」「ヤコブの悩み」と言われるものです。その結果、地球にいる数十億の人々が死んでいくのです。その期間が長びけば一人も生き残ることはできないので、その期間が長くならないように祈るだけです。

そうして初めて、ユダヤ人たちが「私たちは間違っていた。悪かった」と目覚めるでしょう。その結果、神による全く新しい文明が実現し、地球上に千年間の絶対平和、完全平和が実現するのです。あらゆる自然災害、病気、犯罪がなくなり、地球上から刑務所と病院、軍隊もなくなるでしょう。食糧は無尽蔵にとれることになるし、人間の寿命は八百才、九百才が普通になるでしょう。

かつて地球はすばらしい状態にありました。神が人間のために地球を造ったので、人間にとって理想的な自然環境になっていました。文字どおり「エデンの園」でした。本当の意味での「楽園」でした。「神は人のうちに住まわした霊をねたむほどに愛している」とヤコブが言っています（ヤコブの手紙4・5）。ねたむほどに愛するというのは、好きで好きでたまらないという、最高の愛情表現です。神はそんなに愛している人間にふさわしい地球環境を造ったのです。とても言葉では言い表せないような、すばらしい黄金世界でした。現在のひねくれた人間の根性では、想像できない自然環境でした。

旧約聖書には驚くべきことを書いています。かつて人間の性が乱れる前に、人祖アダムは九百三十才で死にました。セツは九百十二才で死にました。エノスの年は九百五才、カイナンは九百十才、マハラレルは八百九十五才、ヤレドは九百六十二才、メトセラは九百六十九才、レメクは七百七十七才で死んだと書いているのです（創世期5・4〜31）。

ところが、人間の性が乱れたために、神は「私の霊は永く人の中にとどまらない。彼は肉にすぎないのだ。しかし彼の年は百二十才であろう」と宣言したのです。人間の寿命を百二十才以内に限定したのです（創世記6・3）。

人間が罪を犯す前の地球の天候、気候は想像きないほどすばらしいものでした。まさにエデンの園と言える黄金世界の状態でした。人間の寿命は現在の十倍でした。しかし人間が堕落して、染色体に異変が起きたので、神は人間を造ったことを後悔して、人間の寿命を百二十才以内に限定したのです。これは細胞分裂の回数を十分の一にしたことを意味するのです。今までの世界最高齢者は、ギネス世界記録によれば、ベッツィー・ベイカーが百十三才、メアリ・ケリー百十三才、河本にわ百十三才、ファニー・トーマス百十三才、マシュー・ビアード百十四才で、百二十才以上の人はまだ現われていないのです。

ユダヤ人が悔い改めてアブラハムの心境に立ち返れば、ノアの洪水以前の状態になり、地球は文字どおり黄金の世界、エデンの園になるでしょう。細胞分裂の回数が現在の十倍になり、人々の寿命も八百才から九百才になるのです。人間に与えられた生理機能、心理機能は、本来無限に働くものです。それは神の形にかたどって造られているからです。神自身が人の形になって現われているのです。これが明らかになるでしょう。

現在の人間がとても信じられないような、新しい世界が実現するのです。その時人々は心から神の光栄を賛美し、本当の平和をしみじみと味わうことができるのです。

18. 向こう岸

皆様は現在、現世に生きておいでになるのですが、現世に生きている自分の命が、死なければならない命だということを、自分でよく承知しているはずです。

今生きている命が死ななければならない命だということを、百人が百人、千人が千人共承知しているのです。現世に生きているということは、死ななければならない命を生きているのだということは、よく承知ですが、ところが、現世に生きている命が本当の命だと、思い込んでいるのです。これがおかしいのです。

死ななければならないことが分からない人なら、現世に生きている命が本当の命だと考えても仕方がないのです。

犬や猫は現世の命が本当の命だと多分思っているでしょう。死ななければならないと思っていないからです。犬や猫には死がありません。犬や猫が走り回っていますが、やがて動かなくなることはあります。これは死ぬのではないのです。生きている命の状態がなくなるだけです。走ったり食べたりすることがなくなるだけなのです。これは死ぬのではなくて、生きているという状態が消えてしまうだけです。

人間の場合ははっきり死ぬのです。人間が生きているのは命を心得て生きているのです。生命意識があるのです。人間は生命意識を持って生きているのです。

理性と良心が人間の心の中心になって働いていますので、人間は自分が生きていること、また他人が生きていること、天地自然が生きていることを知っているのです。花が生きていることを知っているのです。だから花を整えて花器にさして飾ることを、生花というのです。活けるというのは花を生かすことです。

そのように人間は命を知っているのです。知っているから、花を活かすことができるのです。命を知っている者がこの世を去ってしまいますと、死ぬことになるのです。犬や猫は命を知らないので、この世を去っても死んだことにはならないのです。

人間は命を知っています。そこでこの世を去ると死ぬことになるのです。生きている間に、命とはどういうものかを心得て、命を受け止めてしまいますと、死ななくなるのです。般若波羅蜜多というのはそれを言っているのです。

般若というのは何か。般若の面のことではなくて、上等の知恵、上智のことです。常識ではない上等の知恵を指すのです。高等の知恵を、仏法では阿頼耶識《あらやしき》とも言います。

唯識論でいう阿頼耶識は、普通の常識ではない高級な知恵をいうのです。

普通では分からない、人間の常識では分からない知恵を持って考えると、向こう岸へ渡ることができると言っているのです。

向こう岸とはどういうものかと言いますと、海の向こうにある岸です。普通の人間が住んでいるのはこちらの陸です。陸の外は海になっています。海の向こうにまた陸があるという思想です。

昔の人の考えでは、陸があって陸の果てに海がある。海の果ては恐ろしい滝になっている。その下には地獄があると考えたのです。

今の日本は陸ですが、陸の果てには海がある。海の果てには滝があって、海の水が落ちている。その向こうにもう一つの陸地があると考えた。これが彼岸です。

彼岸へ渡るというのは死なない命を見つけることを言うのです。死なない命を見つけるための上智を般若と言うのです。この般若を用いて向こう岸へ渡るのです。これを般若波羅蜜多と言うのです。

皆様は今生きていらっしゃいます。生きているというのは、こちら側の岸にいるのです。これは第一の岸です。向こう岸は第二の岸です。第一の岸から第二の岸へ渡ることが般若波羅蜜多です。

海とは何かと言いますと、空です。第一の岸で生きている者が、一度自分自身を空じてしまうのです。自分自身を空じてしまえば、彼岸に行くことができる。これを言っているのです。

第一の岸にいるままの状態で生きていると、必ず死んでしまうのです。そこで海を渡るのです。海を渡って向こう岸へ行けば、死なない陸地を見つけることができるのです。これが釈尊の悟りです。これが本当の仏法です。

仏法は仏教ではありません。仏法は悟りを開く方法、悟りを開く道のことです。そのやり方のことです。これが仏法です。

仏教というのは日蓮とか、親鸞とか弘法大師、伝教大師とか、法然、道元というような人がいて、これらの人々がお釈迦さんを信じて、釈尊の悟りを勉強したのです。そうして、自分が釈尊の真似をして自分の解釈を提示した。これが仏教になったのです。

道元と親鸞とでは全然考え方が違います。道元は自分自身を空じること、仏の子になることを悟りだと考えたのです。親鸞は阿弥陀如来を信じること、阿弥陀如来の名号を念仏することが般若波羅蜜多になると考えたのです。般若波羅蜜多でも、道元と親鸞とでは考え方が別になっているのです。

こういうことを突き詰めて考えていきますと、禅宗で考えている自力というものも、浄土真宗で考えている他力というものも同じになるのです。同じことを両面から言っているのです。左から見た場合と、右から見た場合とでは、景色が違うことになるのです。景色が違うので、右から見た方を他力と言い、左から見た方を自力というのです。これが仏教でありまして、釈尊は空ということだけを教えたのです。

他力でも自力でもない本当の空という教えは日本にはないのです。日本にあるのは、他力か自力かのどちらかになっているのです。

自力、他力という言葉を使わない宗派もあります。真言宗では自力、他力という言葉を使いませんが、やはり他力という感じが強いのです。

しかし、純粋の釈尊の悟りは日本にはありません。釈尊の悟りは、第一の岸にいれば人間は皆死んでしまうから、こちら岸を出て海に行きなさいと言っているのです。まず海に行くのです。此岸を離れて船で海へ行くことが空です。

ここまでは釈尊は教えたのですが、海の向こうに陸地があるが、どういう陸地かということをはっきり教えることをしなかったのです。

向こう側に陸地があるということは言っていますけれど、どういう陸地があるかということをはっきり言っていないのです。

観無量寿経は極楽浄土を賑々しく書いています。迦陵頻迦《がりょうびんが》が飛んでいる。上半身が人で下半身が鳥で、共命鳥《ぐみょうちょう》と共に住んでいる。春、夏、秋、冬も四季折々のすばらしい花が咲いているということを、観無量寿経に書いているのです。

観無量寿経、大無量寿経、阿弥陀経の三つを三部経と言いますが、観無量寿経というのは造り事ではあるが、本当ではないと言う専門家がいるのです。大無量寿経と阿弥陀経の二つを勉強することが中心であるということを他力宗では考えているのです。

しかし向こう岸とはどういうものなのか、どこにあるのかを教えていないのです。ある種の想像で物を言っているのです。これが宗教です。想像で物を言うということが宗教です。

ところが、皆様の本当の魂の状態は、死なねばならないことが分かっていながら死にたくないという本心があるのです。

死にたくないという気持ちがあることが、皆様方の心の中に彼岸があることを示しているのです。

死にたくないというのは彼岸のことです。彼岸に行きたいという気持ちです。彼岸は死なない国です。此岸は死ぬに決まっている国です。

死ぬに決まっている国に皆様はいるが、死なない国に行きたいというのが、皆様の本心、本願です。皆様は今死ぬに決まっている国にいますから、一度海を渡らなければ、死なない国にたどり着かないのです。

日本から中国へ行こうと思えば、海を越えなければ行けないのです。中国へ行きたければ、海を渡ることがどうしても必要なのです。般若心経はこのことを皆様に言っているのです。海へ行かなければ、向こう岸へ渡れませんよと言っているのです。

ところが、皆様は難しい難しいと言われるのです。難しい難しいと言われるのは、此岸にいるままの状態で彼岸へ行きたいと考えているからです。これは無理です。

日本は日本です。中国は中国です。言葉も習慣も違います。国そのものが違うのです。日本のことがそのまま中国でも通用すると考えることが間違っているのです。

死ぬべき命と死なない命とでは、根本的に違うことになるのです。これを皆様にお話ししたいと思っているのですが、これは宗教ではないのです。

皆様が現在住んでいる陸地は、現代文明という陸地です。文明という陸地に住んでいるのでです。

人間が造った学問、人間が造った理屈は、文明でしか通用しないのです。皆様の息が切れて、目が白くなってしまいますと、そういうものは一切通用しなくなるのです。

彼岸は文明が通用しない所です。彼岸は人間が造った世界とは違うのです。神が造った世界、神本位の世界です。此岸は人間本位の世界です。人間本位の世界から神本位の世界へ行くのです。

神本位というのは嘘も理屈も一切ないことです。人間がいる世界では理屈は通用しますが、神の世界には理屈は通用しません。事実だけしか通用しないのです。

神の国では事実、真実だけが通用するのです。人間の世界では自分の意見や世間の理屈が通用するのです。ところが、神の国では真実だけしか通用しないのです。

本当の真実を知ろうと思いますと、一度皆様の頭から人間の理屈を追い出してしまわなければならないことになるのです。これが般若心経の功徳です。五蘊皆空、色即是空というのはすばらしい功徳ですが、人間にとって空ということは何か恐ろしい気がするのです。

この世に生きている人間が考えますと、自分自身を空じてしまうこと、自分の思いを捨てることが、非常に難しく、危険な恐ろしい気がするのです。

般若心経をいつも読んでいる人でも、本当に空が実行できている人がめったにいません。空というのは理屈が分かっただけではだめです。実行してしまわないといけないのです。目の前にどんな立派なご馳走が並んでいても、食べなければ自分のものにはなりません。ご馳走を眺めただけではお腹はふくれないのです。

般若心経の理屈というのは、いくら承知しても自分自身が色即是空を実行しなければ本当の空は分かりません。般若心経の説明を書いている本はたくさんあります。何百冊もあるでしょう。それは仏教で飯を食べている人、そういうことの立場の人が書いているのであって、皆嘘を書いているのです。

理屈の説明だけをしているのです。色即是空は目に見えるものは空だという説明をしているのです。こんなことは言われなくても文字をよく見たら分かるのです。

色は現象している物質です。目に見える森羅万象です。これは本当はないというのが色即是空です。理屈の説明はわざわざ人に言われなくても分かるのです。

ところが、問題は自分自身が現在生きているということが、本当に空っぽの気持ちになれるかどうかです。これが仏教ではできないのです。

仏教で色即是空を本当に考えますと、寺があることが色になるのです。衣を着て金襴のお袈裟をかけていることが空になるのです。五重の塔を建てるとか立派な金堂を建てるということが空になるのです。

寺の建築ということが空なのです。ところが、現在の日本の仏教では、そういうことを大変奨励しているのです。

皆様が写経をして千円をつけて寺へ送ります。送りたい人は送ってもよろしいのですが、そんなことをしても千円損するだけです。功徳があるかというと一つもないのです。

今の仏教はただの宗教です。どんな宗派でも、どんな宗教でもすべて宗教は人間が造った理屈です。この世では通用するでしょう。この世は神社仏閣がありますから、宗教は通用しますが、この世を去ったら一切通用しないのです。

こんな分かりきったことが、どうして日本人に分からないのかと言いたいのです。日本人は宗教の教えは死んでからでも通用すると思っているのです。仏教でいう極楽へ行ける、キリスト教で天国へ行けるということが、死んでからでも通用すると思うから、たくさんの人が信じているのです。死んでから通用しないのなら、信じる人はいないはずです。

釈尊の悟りはそういう嘘を一切言いません。釈尊の悟りは、生きている人間の考えは全部空だと言っているのです。これは本当です。

人間はやがて死ぬに決まっています。死ぬに決まっている人間が考えることは、空に決まっているのです。これは分かりきったことです。釈尊に言われなくても誰でも分かることです。利口な犬でも分かると思うくらいに簡単な話です。当たり前のことです。

死んでしまうに決まっている人間の考えは、全部空だと言っているのです。こういうことをはっきり言いますと、商売にはならないのです。寺が空なら何のために寺があるのかとなるのです。寺へ行かなくても家にいて空だと思えばいいのですから、一切寺は必要がなくなるのです。

般若心経は、今皆様が住んでいる世界から海へ行くことを勧めているのです。今住んでいる所から海へ行くことが空です。

ところが、皆様は海へ行くことを嫌っているのです。この世にいるままの状態で彼岸へ行きたいと考えるのです。これは全くできないことをしているのです。そういう欲深いことを考えるから、宗教に騙されるのです。

この世にいるままの状態で彼岸へ行けるというのが宗教の言い分です。これは嘘です。宗教は嘘であると、私が言う理由はここにあるのです。

この世にいる人はまず海へ行かなければならない。これを承知して頂きたいのです。海へ行くとはどうすることか。今までの自分の考え方、常識、知識が間違っているのです。死んでしまう命を命だと思っていたからです。これはこの世の命です。

この世の命と本当の命とは違うのです。この世の命を握ったままで本当の命を知ろうと思っても、これは無理です。

例えば、皆様は靴をはいています。この上にもう一足はこうとしてもできないのです。靴下だけならその上に靴がはけるのです。靴をはいていて、その上にもう一足はくということは、絶対にできないのです。皆様はできないことをしているのです。

そこで今はいている靴を脱ぐのです。そうして新しい靴をはき直すのです。これをして頂きたいのです。

現世の陸地から海へ行くことは、死んでしまうことではないのです。息が止まるのではないのです。そこで息が止まるまでに、目が黒い間に、この世で精神が働いているままの状態で、空を自分の中へ持ってくるのです。または自分自身が空の中へ入ってしまうのです。

空は人間の本当の命の持ち味です。皆様の目が見えることは当たり前のように思いますが、実は目が見えるということが不思議です。

全盲のピアニストの辻井伸行さんが、世界中で大活躍しています。全盲でありながら、すばらしいピアノの演奏をしているからです。この辻井伸行さんがインタビューで、「今一番したいことは何ですか」と聞かれたら、「たった一日でいいから目が見えるようにしてもらいたい。お母さんの顔をしっかりと見たいです」と答えたのです。

健常者にとっては目が見えることは当たり前です。しかし、辻井さんは目が全く見えない。一生の間にたった一日でいいから見えるようにしてもらいたいと言っているのです。この一言は目が見えるということがどれほどすばらしいことかを示しているのです。

皆様は自分の力で目を造ったのではありません。自分の耳を自分で造った覚えはありません。ところが、目の力、耳の力が皆様に備わっているのです。これが先天性の命です。先天性の命とは五官のことです。これが死なない命です。

皆様が生まれる前に、皆様に五官が与えられた。それを持ってこの世に生まれてきたのですが、この世に生まれてから物心がついてしまって、この世の常識、知識が当たり前だというように考え込まされてしまったのです。これが人間の迷いです。

この世に生まれてから、皆様は迷いの中へ引きずり込まれたのです。この世に生まれてから後に持たされた迷いの気持ちが、自分を盲目にしているのです。自分の気持ち、自分の思いが自分を盲目にしているのです。

自分を盲目にしている自分の思いを捨ててしまうことが、海に行くことなのです。般若心経の空は海へ出ることです。キリスト教ではない聖書は向こう岸へたどり着くことなのです。

海へ出ることと、向こう岸へたどり着くことの二つがどうしても必要です。これは宗教ではない本当の事実でありまして、文明を信じてはならないのです。

自分自身が空になると言いますと、何か難しいことをすることのように思われますけれど、簡単に言いますと、自分の考えを棚上げするという意味になるのです。ただ棚上げしたらいいのです。

自分で自分の気持ちをなくしてしまおうとしますと、できないのです。棚上げすることならできるのです。一時考えないことにするのです。今までの自分の気持ちを、一時考えないことにするのです。

これは何でもないのです。自分の気持ちを持ったままで般若心経を知ろうと思っても、文字は読めてもその意味が分からないのです。そこで自分の気持ちを一時、棚上げしようという決心をするのです。

これだけでも相当に勇気がいりますが、これは言葉を変えて言いますと、謙遜になることです。謙虚な気持ちになることです。自分はまだ分かってないのだ、本当のことを知らねばならないという謙遜な気持ちになるのです。これが棚上げするというやり方の一つの方法になるのです。

これは難しいことではありません。自分の考えを自分で問題にしない。自分の気持ちを自分で問題にしないのです。これは難しいことかもしれませんが、海を渡らなければ向こう岸へ行けないのですから、実行して頂きたいのです。

死んでしまうことを思えば、一時自分の気持ちを棚上げするくらいのことは何でもないのです。

洗礼についてですが、洗礼の意味が分かっている牧師さんも神父さんも、日本にはいないのです。世界にもいないでしょう。

かつて無教会派の大先生に内村鑑三という人がいました。これほど有名な人でも、洗礼の意味が正しく説明できなかったのです。洗礼は受けたい人は受けてもいいが、受けたくない人は受けなくてもいいと言ったのです。どちらでもいいと言ったのですが、これがおかしいのです。

切手になるらいの有名な先生が、なぜ洗礼が必要かというはっきりした聖書的理由を説明することができなかったのです。

聖書には信仰によって生きると書いています。だから、神を信じたらいいはずです。水で体を洗うことがなぜ必要なのか。「心に信じて義とせられ」とありますから（ローマ人への手紙10・10）、心で信じたらいいはずです。なぜ体を水で洗わなければならないのかということです。この説明が宗教ではできないのです。

イエスが自分自身が洗礼を受けたことによって証明されるように、洗礼は絶対に受けなければならないのですけれど、その理由が分からずに受けても何にもならないのです。分からないままに洗礼を受けるということが宗教観念です。

洗礼は本人の切なる希望があって授けるものであって、牧師の方から勧めるのは宗教に決まっています。

宗教は神の名によって人間の魂を盗んでいくのです。キリストの名によって魂を盗むのです。これは泥棒よりもまだ悪いのです。泥棒は金品を盗みますが、宗教は魂を盗むのです。これは最も悪い行為です。

「洗礼を受けなければならない」とイエスが言っています。イエスも洗礼を受けたのです。それではなぜイエスが洗礼を受けたかということです。この説明がキリスト教ではできないのです。神の子であるイエス・キリストが、生みたまえる一人子であるイエスが、なぜ洗礼を受けたのか。これがキリスト教の牧師には分からないのです。

宗教は神を信じなさいと言っていながら、神を信じるとはどうしたらいいのかということを説明しないのです。神とはどこにいるのか。神とはどういう方か。神が全然分からないのです。キリスト教にはキリストがいないのです。本当のキリストがいないのです。仏教には本当の仏がないのです。本当のキリスト、本当の仏は宗教ではないのです。

洗礼の本当の意味をご承知頂くためには、神が天地を造ったというところからお話ししないといけないのです。天地創造の原理が分からなければ、洗礼の本当の説明はできないのです。これが分かっている牧師さんがいないから困ったものです。

神の御霊によって、神の言葉が本当に人々の命になるように、説明ができなければならないのです。私はそれができますから申し上げているのです。私は威張っているのでもありません。私はご覧のとおり、ただの馬の骨のような人間です。ただの三文奴です。私が偉いのではありません。神の御霊が私を導いているのです。神の導きに従って述べているだけです。神の真理を真理として申し上げているのです。

キリスト教の人々は永遠の生命が本当に分かっていないのに、口先だけで分かっていると言っているからいけないのです。キリスト教が言っていることが、全部嘘だと言うのではありません。入口しか分からないのに、奥座敷まで知っているように言っているからいけないと言っているのです。

キリスト教の牧師の信仰が間違っているのであって、信者の方が間違っているのではないのです。神学校という制度が間違っているのです。関西学院大学で教えている内容が、間違っているのです。

今皆様は何のために生きているのか分からないのです。だから、お先まっ暗な状態です。そういう状態が悪いと言われると、気分を害する人が多いのです。人間は命の事、魂のことについて触れられたくないのです。霊魂の本質の状態にさわられることが恐ろしいからです。

霊魂という言葉が日本には古くからあるのですが、分かる人がいなかったのです。霊という字と魂という字とは違います。内容が違うのです。この説明がキリスト教の牧師さんにできないのです。宗教家の中で、魂について説明ができる人が一人もいないのです。

仏教家の中にも魂が説明できるお坊さんは一人もいないのです。学校の教師にも分からないのです。

キリスト教の人々は魂という言葉をよく使いますけれど、魂とは何かが分からないのです。魂とは何かと言いますと、皆様が生まれる前に、皆様の五官の力、例えば味覚、視覚、聴覚が与えられていたのです。皆様が生まれる前に神に与えられていた元の命です。生まれる前の命です。これを先天的というのです。

先天的というのは生まれる前からあったということです。これは本能性とも言います。食べたり、見たり、聞いたりする五官の力は、人間の本能性の力に繋がりがあるのです。

そのように、人間の本能性というのはこの世に生まれる前から持っていた力です。これが皆様の五官になっているのです。これが死なない命です。これを魂というのです。

何かを食べておいしいと感じます。おいしいというのは魂の感覚です。

生きている状態を玉の緒とか御霊《みたま》と言います。これが働いている状態を魂というのです。五官の能力がある状態を魂というのです。

美しい、楽しい、嬉しい、おいしいと言います。「しい」というのは御霊が働いている状態をいうのです。美しいとはどういうことなのか。これは皆様の魂が働いている状態をいうのです。

美しいと思えることが、そのまま死なない命に繋がっていくのです。皆様は命があるから、美しい、楽しい、嬉しいという言葉を使うのです。美しいの「しい」とはどういうことか、日本語の文法では分からないのです。文法では説明できないのですが、宗教ではない聖書なら説明ができるのです。

本当の真理は学問よりも上にあるのです。常識や学問よりも上に真理があるのです。

魂は人間が持って生まれた命の根源の機能です。霊というのは皆様が魂を持っている状態のことです。生活の状態、人間の営みが霊です。衣食住の人間の営みの状態が霊です。

魂という機能に基づいて人間は生きています。生きている状態が霊です。そこで霊魂というのです。

魂に基づいて生きているのですから、魂霊という言い方が正しいようですが、昔から霊魂と言っていますから、私も霊魂という言い方をしているのです。

霊というのは人生ということです。魂は機能ですから、人間であること、男が男であることです。これが魂です。こういうことをよく考えますと、自分の命がだんだん分かってくるのです。

三十才や四十才の若い人に申し上げたいのですが、死ぬまでにまだ四十年ある、五十年あると油断してはいけないのです。四十年、五十年と言いますと、長い年月のように思いますけれど、過ぎてしまえばあっと言う間です。あっと言う間にこの世を去る時が来ますから、少しでも早い間に死なない命を掴まえて頂きたいのです。

肉体と霊魂がありまして、死んだら肉体は火葬場で焼かれて灰になりますが、霊魂は灰にならないのです。そこで困るのです。

霊魂は何十年かの記憶があるのです。これは灰になりませんから、絶対に消えないのです。これが死んだ後の命になるのです。

人間が現世に生きているのは犬や猫のように生きているのではありません。善悪利害を判断して哀楽の念を持って生きているのです。そうすると、何が嬉しかったのか、何が悲しかったのか、何が苦しかったかが皆様に分かるはずです。その記憶は火葬場へ持って行っても灰にならないのです。

現世は矛盾接着によって混線しているのです。理屈に合わないことばかりです。

女の人は本当の愛、本当の恋愛を知りたいと思っているのですが、それが分からないままで現世を去ってしまうのです。これが悪いのです。

本当の愛とは何でしょうか。男は男の仕事、自分の生活だけをしていたらいいという悪い癖があるのです。女の人はそうではないのです。繊細な感覚を持っているだけに、本当の愛を知りたいという気持ちが、非常にはっきりしているのです。それが分からないままに、この世を去ってしまいますと、高い税金を取られることになるのです。

私は皆様を驚かすために申し上げているのではありません。人間の魂は生まれる前からの機能です。生まれる前からの機能というのは、この世を去ってからもあるのです。

肉体は現世だけです。皆様の魂は生まれる前からのものです。生まれる前からのものは死んでからも残っていくのです。

皆様が非常に重い病気にかかって、医者から見放されたという場合、また軍隊に入ってさんざんこき使われて、意識もうろうになりますと、欲も得もなくなるようです。常識的に利害得失を考える気持ちがなくなってしまうのです。純粋の命の根源に振れあうような感覚になるのです。

こういう経験は何かと言いますと、自分の命に直面しているということは言えますけれど、その時の自分の気持ちが、命をよく勉強していない人ですと、命を目の前に見ていながら命が分からないのです。

生死の境をさまようような経験をしていながら、生も死も分からない状態になるのです。これは惜しいことです。

ところが、魂の目が開いている人には分かるのです。命を十分に心得ないでさんざん苦労しても、その苦労が身につかないのです。自分の魂の経験にはならないのです。人間の経験にはなりますが、霊魂の経験にはならないのです。

人間と霊魂とは全然別です。皆様は人間として私の話をお聞きになっているのです。霊魂の目が開かない状態で私の話をお聞きになっていますので、話の内容がもう一つ分からないと言われるのです。

霊魂は固有名詞の人間とは何の関係もないのです。この説明をしますけれど、皆様は人間として聞いているのです。私は皆様の霊魂に話しかけるつもりで話をしているのです。しかし皆様は魂として聞いていません。そこですれ違いになるのです。ここが難しいのです。

私は皆様に本当の命を差し上げようと思っているのですが、皆様にはそれをお受け取って頂けないのです。

私が申し上げたいことは、人間として生きておいでになったら、やがて死ぬに決まっているということです。だから、人間として生きることをできるだけやめたいと思うことです。霊魂としての目を開きたいと思って聞くのなら、色即是空、五蘊皆空はおのずから分かるでしょう。

魂の目を開きたいという気持ちを持つことが必要です。心眼を開きたいと思って頂きたい。

そうしたら、普通の人が分からないことでもお分かり頂けるようになるのです。

皆様は現在魂によって見たり聞いたりしているのです。花をご覧になったら美しいということが分かります。美しいことが分かるのは魂の働きです。

ところが、美しいとはどういうことか説明ができないのです。美しいとはどういうことなのかが分からない。おいしいとはどういうことかが分からない。花をじっとご覧になると、美しい花の中に心が吸い取られるのです。

花をじっと見ていると、花の色、形の中に言うに言われない世界があることが分かるのです。これが命の世界です。魂は命の世界を感じているのです。感じているから美しいと思うのです。

美しいというのは魂が感じているのですから、人間の常識では説明ができないのです。常識は人間の肉の思いです。肉体的な感覚です。肉体的では美しさの説明ができないのです。しかし、魂では分かっているのです。

ところが、命の世界へ入ることができないのです。皆様は人間として花を見ていますから、美しいとは思いますが、花の美しさの世界の中へ入って行けないのです。だから、美しいということが霊魂のプラスにはならないのです。霊魂のプラスにするためには、霊の目を開かなければいけないのです。

もう少し説明しますと、天気の良い日には太陽が輝いています。太陽の光線の明るさを皆様はよくご存じですが、太陽の光とは何であるかをご存じないのです。

太陽の光は永遠の命をそのまま光として現われているのです。私は永遠の命を論理として説明していますけれど、太陽は永遠の命が実物になって照っているのです。皆様の霊魂は、直感的に永遠の命の実物を、太陽光線として感じているのです。

太陽光線を見ていながら、太陽光線の功徳が皆様には分からないのです。これは魂が死んでいる証拠です。

聖書には、「悔い改めて福音を信ぜよ」という言葉があります（マルコによる福音書1・15）。悔い改めてというのは、心を入れ替えてということです。精神をやり直してということです。

精神をやり直すとはどうすることかと言いますと、今まで常識的に考えていたことをやめて、魂的に考えるようにすることです。太陽の光線を見ていながら、神の命が分からない。死なない命が分からない。

太陽の光線の中で生きているということは、死なない命のまん中にいることです。ところが、皆様は太陽光線のまん中にいながら、分からない。死なない命のまん中にいながら、それが分からない。これが霊魂が盲目である証拠です。盲目である目を開くことが、とこしえの命を見ることとなのです。

皆様の魂としては花を見たり、太陽光線を見たり、雲の流れを見たり、大空を見たり、海を見たりしているのです。永遠の命は地球上にたくさんあるのです。

食べたら味が永遠の命になっているのです。魂が働いている状態を経験していながら、それが自分の命になっていない。これを迷いというのです。肉体人間は迷いの中に生きている。聖書的に言いますと、肉の思いで生きているからです。

般若心経にある般若波羅蜜多というのは、今までの考え方をやめてしまうことをいうのです。命についての自分の考えは根本的に間違っていることに気が付いて、本当に素直な素朴な気持ちになって、恥も外聞も忘れてしまって子供のようになってしまうのです。そうすると、神が深い話をしてくださるのです。神は天地をなぜ造ったのか。何のために天地を造ったのか。何のために皆様の霊魂はこの世に出てきたのかという非常に重大なことを教えてくださるのです。

皆様は花が咲いている世界を目で見ているのです。目で見ていながら、花が咲いているという命の世界が経験できていないのです。魂が花が咲いている世界へ入って行くのです。これが死なない世界です。

花は人間に永遠の命を教えているのです。皆様は死なない命を持っているのです。食べておいしい味が分かる人は、死なない命を掴まえる能力があることを証明しているのです。

おいしい、美しいことが分かりながら、みすみすその命を棒に振って、地獄へ行くことになると、これは気の毒なことになるのです。

聖書の言葉は向こう岸へ渡ってしまった状態で書いているのです。般若波羅蜜多が論理的に解釈されますと、聖書の言葉になるのです。神の言葉になるのです。

向こう岸というのは神の国です。神の国の感覚で説明しますと、人間には反対に聞こえるのです。「あなたを訴えて、下着を取ろうとする者には、上着を与えなさい」とありますが（マタイによる福音書5・40）、キリスト教では何のことか分からないのです。

着物というのは、その人の魂にまとい付いている状態をいうのです。下着に直にまとい付いている状態を言います。上着というのは下着の上に着るものです。

下着とは霊魂が直に感じていることです。喜怒哀楽の気持ちとか、利害得失の気持ちとかを考えるのは魂ですが、受け止め方が人間的です。

おいしいことを魂は経験しますけれど、人間がおいしいと思っていると、おいしいという説明ができないのです。おいしいことが分かっていながら、霊的においしいということが説明できないということが、魂が死んでいることを意味するのです。

人間が肉体人間として感覚していることがいけないのです。人間は肉体人間として感覚しています。例えば、セックスの問題を魂はどう感じているかです。人間は皆肉体感覚でセックスを経験しているのですが、これが性欲です。これがだめです。魂で経験しますと、セックスの内容が変わってしまうのです。

肉体的にセックスを感じていることが間違っているらしいということが、女性にはよく分かるようです。男でも分かりますが、女性にはもっとよく分かるのです。セックスが間違っているらしいと感じるということが、下着を奪われようとしていることです。神の御霊が、おまえのセックスに対する見方は間違っているということを示しているのです。

ところが、人間はそれを神に与えようとしないで、自分のセックスは自分のセックスだと思って、その気持ちを自分で握り込んでいるのです。これが罪を犯していることになるのです。日本人はセックスに関して全部間違っているのです。これが地獄へ行く原因になるのです。キリスト教はこういうことを言いません。キリスト教の牧師さんが間違えている、また、寺のお坊さんが間違えているのです。

宗教家でセックスのことを徹底的に説明できる人はいません。神の御霊によらなければできないのです。女の人は現在のセックスについて、どうも生臭いと思っているのです。生臭いということは、間違っていることが直感的に分かっているということです。直感的に分かっているということは、神がその人の下着を奪おうとしているということです。

下着を渡す時に、上着をも渡してしまいなさいと言っているのです。上着とは何かと言いますと、社会的に活動している状態、学校の教壇で教えている状態とか、仕事をしている状態が上着です。下着は夜密かに行う行為です。夜隠れてしているセックスも間違っているが、昼公にしていることも間違っている。両方共神に渡してしまってへりくだれと言っているのです。

セックスも生臭いものであるが、社会的にしていることも生臭いと言っているのです。道徳に関する考えが間違っている。教育に関する観念が間違っている。世界観、価値観が皆間違っているのです。だからセックスの考え方が間違っているのです。下着を奪おうとしている神に、上着をも与えてしまいなさいと言っているのです。神に何もかも全部、どん底から神に渡してしまいなさいと言っているのです。

現世の人間の行いはすべて肉体感覚で行っているのです。肉体感覚で人間が考えると、セックスは当たり前になるのですが、女の人は直感的に間違っていると思えるのです。生臭いものと思っているのです。セックスが根本的に間違っていることが女性には分かるのです。これが地獄へ行く原因になるのです。

人間がしていることは人間自身がよく分かっているのです。「天知る、地知る、我が知る」のです。だから人間は死んだ後に霊魂の審判を受けることはどうしても避けることができないのです。この世に魂として七十年、八十年の間生きていながら、本当の霊魂のあり方を勉強していなかった。ただ生活のことだけを考えていたのです。

下着も間違っていた。だから上着も間違っていたのです。世間では上着のことしか問題にしません。今の日本人は上着だけでもしどろもどろです。いわんや下着においてです。

正直に考えたら分かるのです。神とは何かと言いますと、自分の命の本当のあり方が神です。皆様の命のあり方の本当の姿が神です。

神が皆様の中にいるのです。皆様の命の中に神がいるのです。だから、私たちは自分の生活をごまかすことは絶対にできません。

目の黒いうちに、一切を神に放り出して、生まれたままの姿で神の前に立つのです。

人間は自分が生きていると思っています。これが一番悪いのです。皆様は自分で生まれたいと思ったのではないでしょう。従って、自分が生きているのではないのです。

人間の一生は自分の気持ちによって発生したものではないのです。それを自分が生きていると勝手に思い込んでいる。これが人間の罪の根本原因です。人を憎んだり、誤解したり、焼き餅を焼いたり、恨んだりするのは、自分が生きていると思っているからです。自分が生きているという気持ちがなかったら、焼き餅を焼かないでしょう。

嘘をいうのは自分が生きていて、自分が得をしようと思うからです。自分が生きているというばかな考えを捨ててしまうのです。

自分が生きているという思想を悪魔と言うのです。皆様は一人ずつ悪魔を自分の中に持っているのです。自分が生きているという気持ちを悪魔というのです。

悪魔が皆様の中に住みついているのです。これを殺してしまうためには、十字架がどうしてもいるのです。

自分の気持ちが自分を騙しているのです。自分の思いが自分を盲目にしているのです。自分が生きていると勝手に自分が思っているのです。

自分とは何か。自というのをおのずからと読むのと、みずからと読むのとでは、正反対の意味になるのです。皆様は自分が生まれたのではなくて、おのずから生まれたのです。おのずからが本当の自分です。

おのずからというのは天然自然ということです。皆様は天然自然の処置によって生まれてきたのであって、みずからの自分によって生まれてきたのではありません。

自分という字をみずからと読んではいけないのです。おのずからと読むべきなのです。おのずからというのは神に基づいてということなのです。神に基づいて生まれてきたから、神に基づいて生きるのは当たり前のことです。私は当たり前のことを言っているだけなのです。

人間の常識、知識は間違っているのです。そこで般若心経によって空を考えて頂きたいのです。空が分からなければ悔い改めるということができないのです。

空が正しく分からなければ、悔い改めて福音を信じることができないのです。

この世に生きている人間の常識と、死んだ後に通用する本当の真理とは全然違うものですから、これをよく考えて頂きたいのです。

19. 彼岸に渡る

皆様が命の勉強をしたいと思われているのは、誠にご奇特なことです。しかし本当の命を勉強するのはご奇特くらいのことではだめなのです。人並みはずれた精進をしている皆様方でも、現世に生きているということが、皆様にとっての大変なハンディキャップになるのです。宗教ではない般若心経という命題をご覧になったら分かると思いますが、般若波羅蜜多というのは彼岸へ渡る明智のことです。上智のことです。現世にいる人間の知恵ではないのです。

般若波羅蜜多ということが、皆様がこの世に生まれてきた目的です。この場合の皆様という言い方は、ユダヤ人以外の一般人を指しているのです。皆様はこの世に生まれてきたのですが、目的を持たずに生まれてきたのです。目的を持たずに生まれてきたのですから、何のために生きているのか分からないのです。

国は国、民族は民族のしきたりがあるのでして、それぞれ教えということを言ってはいますけれど、民族の教えとかしきたりということが人間のただの情報なのです。本質的に言いますと、人間の情報でしかないのです。

しかも、この情報は死んでいった人間が造り上げた情報です。死んでいった人間によって考えられた概念です。この概念が情報になっているのです。

仏教とか、儒教とか、神道とか色々な概念が日本にありますけれど、皆概念にすぎないのです。

仏教の実体、実質は何であるのかと言いますと、実は分からないのです。般若波羅蜜多という言い方をしますと、実は仏教の実体を否認してしまっているようなことになるのです。般若波羅蜜多というのは彼岸へ渡る知恵のことでありまして、この世の知恵ではないのです。波羅蜜多というのは現世のこととは違うのです。現世を後にして彼岸へ渡ることが、般若という知恵、上智です。

ところが、現世にいる人間が勉強しているのです。これは愚かなことです。現世に生きているままの人間が、勉強していることが間違っているのです。

もちろん、現世にいる人間が初めに勉強するのは当たり前です。現世にいる人間が彼岸へ渡ろうと考えて、般若心経を勉強することは結構ですが、いくら勉強しても勉強しても、彼岸に渡らずに勉強する。三十年も五十年も勉強して彼岸へ渡らずにしているのが現状です。だから、般若波羅蜜多という言葉が全く分かっていないのです。

人間は彼岸へ渡る知恵を神から与えられていながら、彼岸へ渡らずに現世で頑張っている。これはなかなか見事なものです。般若心経を勉強し始めてから、三十年も四十年もの間現世で頑張っているというのは、なかなか見事なものです。これはかなりの耐久力があると言わなければならないのです。そうして、写経したりして後生安楽になりたいと考えている。こういう愚かなことを日本人はしているのです。

こういうことになる原因は何かと言いますと、人間と魂が別だということが分かっていないのです。現在の日本に人間と魂とをはっきり分けて説明できる人は一人もいないでしょう。

大体、大乗仏教には魂という考えがないのです。一万七千六百巻という膨大な大乗仏典の中に、魂という言葉が一字もないのです。これはおかしいことです。般若波羅蜜多と言いながら、彼岸へ誰が行くのかということが分からないのです。

向こう岸へ行くのは誰かが分からないのです。分からないままで仏典を勉強しているのです。般若心経には観自在菩薩と最初から書いているのです。魂というのは観自在の原形になるのです。または観世音の原形になるのです。

魂が正確に捉えられたら観自在になるのです。ところが、日本人の頭には、魂という言葉が正確に理解されていないのです。武士の魂とか、大和魂とか農民魂という言葉はありますが、こういう言葉で騙されているのです。

結局魂が分からないのです。分からないので、観自在すること、観世音することの意味が分からないのです。

皆様は目で見ていると思っています。目で見ているのではなくて、光線が物に当たって反射して、目の網膜に映っているのです。この状態を魂と言うのです。字を書いている能力、生態の原理、五官の働きの実体が魂です。

こういうことが分からないままで、いくら般若心経を読んでもだめです。分かるはずがないのです。ところが、日本の仏教では分かったようなことを言っているのです。日本の仏教のお坊さんで、本当の空が分かっている人は一人もいません。もし本当に空が分かっていたら、伽藍仏教は成立するはずがないのです。仏教商売ができるはずがないのです。仏教という営業が成り立つはずがないのです。

仏教という営業が成り立っていることが、魂が分かっていないことを証明しているのです。空というのは宗教ではありません。信心ということが空です。日本の仏教で考えている信心というのでは、観自在が成立しないのです。信じるという心が五蘊です。日本の仏教が五蘊です。キリスト教も五蘊です。聖書も般若心経も本気になって勉強していないのです。

そこで、私たちがこういうことを言わなければならない余地が出てくるのです。余計なおせっかいと言われるかもしれませんが、こういうことを言わなければならないのです。

皆様が生きているということが魂です。英語で言いますと、living soul になるのです。これが人間存在の質体になるのです。人間の実質の状態です。質体という言葉は使われていないかもしれませんが、人間の実質、実体です。これが魂です。

人間というのは市役所の戸籍台帳に登録されているものです。固有名詞、自我意識で生きているものです。やがて死んでいくに決まっているのが人間です。死んでいく人間が肉体という形態を持っているのです。魂は理性と良心という心理機能を持ち、五官を与えられた人間の実質です。この区別がつかなければ、般若波羅蜜多といくら言ってもだめなのです。

人間は必ず死ぬに決まっているのです。必ず死ぬのです。人間はただの形態です。生あるものは必ず死する。形があるものは必ず壊れるのです。「人間五十年、仮天の内をくらぶれば、夢幻の如くなり」と幸若舞という曲舞「敦盛」の一節があります。

皆様は夢幻の内に生きているのです。これを自分だと思っているために、皆様の精神状態はいつも夢幻の内にあるのです。

世界の軍備縮小の話がまとまらないのも、選挙で血眼になって走り回るのも、無理がない話です。現在の人間の心理状態では、核兵器廃絶は絶対にできないのです。

何らかの形で人間の意識を転換することができなければ、超大国の相互不信は絶対に消えないのです。従って、軍縮とか核兵器廃絶という方がおかしいのです。

そういうことを話し合うよりも、人間と魂とどちらが実体なのかを考えたらいいのです。人間という場に立っている間は、お互いに騙し合い、警戒し合いながら付き合っているのです。夫婦でも兄弟でも親子でもそうです。

現世に人間は不信と不安とで生きているのです。実は人間はいないのです。魂が実体です。魂が分からないから、人間を自分だと思い込んでいるのです。

魂は質体であって、その本質は命です。生きている事がらが魂です。その本質は命です。魂で生きている人の精神状態は平安です。安心です。

長年般若心経と聖書を勉強している人でも、頭で分かってもハートの状態が本当に魂になり切っているかと言うと、なかなかそうなっていないのです。

こういうことは一回か二回分かってもだめです。毎日毎日新しく確認して、これを自分自身の魂に言い続ける必要があるのです。この世にいる間は猛烈な戦いを継続していなければいけないのです。人間はいない、魂が実体だと言い続けなければならないのです。

猛烈な戦いをしていないなら平安はないと思われるかもしれませんが、平安があるから闘えるのです。平安がない人は闘えないのです。

魂が本体だということが分かっているだけで、非常に大きい平安があるのです。この平安を持ち続けるために、自分が持って生まれた業《ごう》と毎日闘っているのです。

この闘いは勝つに決まっている闘いです。だからどんなに戦いが激しくてもやる気になればできるのです。

皆様の本質が魂だと言いましたが、皆様が生きている状態をよくよく見て頂きたいのです。生きているとはどういうことなのか。例えば、お茶を飲めばお茶の味が分かります。味が分かるというのはどういうことでしょうか。これが魂の働きです。皆様はお茶の味を誰かに教えられたことがあるのでしょうか。

お茶の作り方は習われたでしょう。お湯を沸かしてそれを急須に入れて、そこへお茶の葉を入れるということは習われたでしょう。しかし、味というものについては、習っていないのです。皆様が生まれた時に、既に味覚を持っていたのです。

例えば、生まれたばかりの赤ん坊は母親の乳に吸い付いて吸うのです。おっぱいの味を知っているからおいしそうに飲むのです。哺乳瓶においしくない飲料を入れて与えてもすぐに吐き出してしまうのです。

赤ん坊は母親のお乳をおいしそうに飲むのです。これはおっぱいの味を知っているからおいしそうに飲むのです。赤ん坊はおっぱいの味を誰から教えられたのでしょうか。母親が教えた訳でもないのに、おっぱいの味を知っているのです。これを魂というのです。

皆様は目で花を見ますときれいだと思われます。きれいとはどういうことでしょうか。きれいという意味を皆様は誰かに習ったことがあるのでしょうか。皆様はきれいということの意味を習っていないはずです。ところが、皆様はきれいなものをきれいだと言われるのです。こういう状態を魂というのです。

皆様の五官の本質が魂です。皆様が生きているということは、魂が生きているのです。人間が生きているのではないのです。食べるとか、見るとか、聞くというのはどういうことか。例えば味というのは目に見えないことを信じているのです。不可視世界のことを信じているのです。

味というのは不可視世界のものです。また、香りというものも同様です。皆様は目に見えない世界を経験しているのです。これを霊というのです。これが本当の霊です。霊媒の霊とは違います。心霊科学でいう霊は、巫女の口寄せの霊であって、味や香りと全然違うのです。

霊媒の霊、心霊科学の霊、新興宗教がいう霊は、人間の妄念が生み出した妄想です。今の日本では新興宗教がたくさん流行っていますけれど、守護の霊としきりに言うのですけれど、これは皆安物の霊です。

例え守護の霊があったとしても、命は分からないのです。守護の霊を二十知っていても、三十知っていても、皆様の命の実体は全然分からないのです。守護の霊を信じれば信じるほど、本当の霊が分からなくなるのです。彼岸へ渡れなくなるのです。

彼岸へ渡れないように仕向けているのが新興宗教です。不可視世界のことが本当の霊でありまして、これは新興宗教の霊とは違うのです。

この霊が皆様の命の本質です。この命の本質に目が開かれることです。これを観自在菩薩というのです。または観世音菩薩というのです。

彼岸とはどういう所か。この世ではない向こう岸です。人間が生きている場所ではないのです。人間が生きていない所です。これが向こう岸です。

人間が生きている状態でいながら向こう岸へ渡ってしまうのです。今日彼岸へ渡っても、今日という日と明日という日とは時が違いますから、今日彼岸へ渡ったら、明日もう一度渡る必要があるのです。あさってまた渡る必要があるのです。この世に生きている間、毎日彼岸へ渡り続けていかなければいけないのです。

命は毎日新しいのです。毎日新しい命を経験しているのですから、毎日新しい彼岸を経験するのでなかったらいけないのです。これを実行している人は、日本にはいませんし世界にもいないのです。しかし、これはしなければならないことです。

世界中で誰もする人がいなくても、私たちはそれをしなければならないのです。なぜかと言いますと、皆様がこの世に生まれたのは、彼岸を見つけて彼岸に入るためなのです。

彼岸を見ない状態、彼岸に入らない状態で、人間として生きていても何もならないのです。

皆様は四十年、五十年の間、この世に生きていたのですが、皆様の命の本質には何のメリットもなかったのです。ただ生きていただけなのです。ただこの世の常識を学んだだけなのです。何のプラスもなかったのです。

今まで生きていた自分は、人間として生きていたのです。人間として生きていたのは、魂の上に乗っていただけです。魂の上に乗っていて、ふんぞり返っているのが人間です。これが後天性の人間です。

後天性の人間というのは、常識と知識で生きているのです。常識、知識は人間の思いです。思いというのは迷いのことです。

皆様は生きていると思っているでしょう。現世に生まれてきて生きていると思っているのは、ただ思っているだけです。従って、現世で生きていると思っていても、人間の思いは根本的に迷いそのものです。

魂は思いではありません。魂が生きているというのは生きているという事がらです。これが霊です。これは誰に習わなくても生まれた時から生きているのです。

生まれてしばらくしますと物心がつきます。物心とは何かと言うと偽りの人格です。物心がつくと人間はばかになるのです。迷い出すのです。迷い出した結果、矛盾の世界に生きるのです。こういうことをご理解頂きたいのです。

皆様が現在生きているという気持ちを端的に申しましたので、これをまずご承知頂きたいのです。この状態で生きていながら、いくら般若心経を読んでも分かるはずがないのです。迷っている状態にあるのですから、本当のことが分かるはずがないのです。

この状態では神を信じることは絶対にできません。キリスト教の神なら信じられますが、こんなものはキリスト教が造った神です。

キリスト教の宗教教義が神を造っているのです。今の人間が信じられるように造っているのです。「天にまします我らの父よ」とキリスト教の人々は祈っていますけれど、天とは何かが分からないのです。ましますとはどういう状態なのか。我らの父とは何か。この一つ一つ分かっていないのに、天にまします我らの父よと祈っているのです。これは聖書をばかにしているのです。

キリスト教も仏教も、現世の人間に分かるように嘘ばかりを造って信じさせているのです。これが宗教教義というものです。これを解脱して魂の方へ移行するのです。これはなかなかできないことですが、これが分かりますと、般若波羅蜜多の意味が分かって来るのです。

人間は現世に生きていても何もならないのです。九十年生きようが、百年生きようが何にもならないのです。何にもならないどころか、罪を造っているだけです。業を積んでいるのです、嘘を言ったりごまかしたり、焼き餅を焼いたりしているのです。人を憎んだり恨んだりしない日があるのでしょうか。

この世ではこういうことをしなければ生きていけないのです。こういう世の中です。世の中の大人が悪いのです。

デカルトは精神と物質は別だと言っていますが、こういう考えが全く間違っているのです。霊が分かれば、精神と物質が一つであることが簡単に分かるのです。

皆様がこの世に生まれておいでになったのは、この世に生きるためではありません。皆様がこの世に生まれておいでになったのは、人間と魂を見分けることをするためです。命とは何かということを知るために生まれて来たのです。

このことを日本的に言いますと、観世音というのです。世音というのはこの世の有様です。この世の有様を見ることによって、この世がいんちきなものであることがはっきり分かった人は、いんちきではない状態になったらいいのです。

皆様がこの世に生まれた時には、霊魂そのものだったのです。ところが物心がついて人間になってしまったのです。これが間違っているのです。

大人の歪んだ気持ちを放下することはできるのです。これを脱ぎ捨てることはできるのです。

そうすると、皆様は元の魂に帰ることができるのです。

皆様の五官の本質はそのまま魂の本性です。これを情緒というのです。本当の情緒に対して目を開くことができますと、初めて魂ということが分かってくるのです。そうすると、現世にびくびくと生きている必要がなくなるのです。

今の人間は戦々恐々として生きているのです。ガン、心臓病、脳梗塞、脳卒中、糖尿病、認知症、腎臓病、肝臓病にならないか、地震が起きるのではないか、会社が倒産しないか、不景気にならないか、老後の年金や介護はどうなるのか、いつ死ぬかもしれないとびくびくして生きているのです。安心して生きておれないのです。

魂がはっきり分かれば、坦々として知るべきことを知り、言うべきことを言える人間になるのです。そういう人間になれるのです。これが観自在です。

観自在すること、観世音することが人生の目的です。これをするために、私たちは生まれてきたのです。般若波羅蜜多をするために生まれてきたのです。

般若波羅蜜多が人生の目的です。私たちはこの世に生きるために生まれてきたのではありません。皆様はこの世に生きることに対して熱心でありすぎたのです。だから、この世に生きることが、自分の目的のようにお考えになっているのですが、これは間違いです。

命さえ分かれば、この世で生きていけるに決まっているのです。本当のことが分かったら、あえて生きていかなくてもいいのです。

私たちは現世に生きるために生まれたのではないのです。般若波羅蜜多するために生まれたのです。命そのものを知るために生まれてきたのです。

20. 生まれる前の自分を見つける

般若心経は日本には千年以上も前からありました。ところが、般若心経の本当の意味を正しく悟った人は、日本にはいないのです。一人もいないと言えるでしょう。それは空が分からないからです。

宗教家の人は空が分からないのです。宗教には空がありません。宗教では空が説けないのです。宗教ではないということを教えているのが般若心経です。色即是空、空即是色をよく考えますと分かるのですが、宗教はこの世の人間のご利益を説いているのです。

現代の文明は肉体的に生きている人間を人間だと考えているのです。この人間は死んでしまう人間です。死んでしまうに決まっている人間が集まって文明を造っているのです。こういう文明を信じている人は必ず死ぬのです。

必ず死ぬことが分かっていながら、その命をやめようとしない。自殺するというのは命をやめることではなくて、生存している命を否定することになるのです。

生存している命と精神的な命とは違うのです。人間は生活してはいますけれど、実は生きてはいないのです。これが般若心経の言いたい所なのです。

般若心経は日本に来てから千年以上になりますけれど、本当の般若心経が説かれたことがないのです。人間が生きていることが空だということを、思想的にいう人はいます。思想的に理解する人はいますけれど、これを自分の命とすることができないのです。命として生きることができないのです。

五蘊皆空、色即是空がいくら分かっても、空を自分の命にすることができなければ、結局、心経読みの心経知らずになってしまうのです。

空が自分の命において実感できる所までいかなければ、般若心経の本当の精神を捉えているとは言えないのです。これを実行した人が日本にはいないのです。

現在生きている自分を空じてしまうと、すべてなくなってしまうのです。生きている自分を空じてしまうと、自分自身が消えてしまうのです。これが怖いのです。これが怖いので、寺で仏教を教えている人たちは、自分を空じることができないのです。従って、般若心経を教えてもらっている人も空が分からないし、空を実行できないのです。

皆様の中には二人の自分がいるのです。二人の人格がいるのです。目に見える自分と、目に見えない自分と、二人の人格がいるのです。

目に見えている自分は人間である自分です。目に見えない自分は魂であって、魂の自分は目に見えない自分です。見ることができない自分です。有難い自分と恐ろしい自分と両方いるのです。

死んでしまうに決まっている自分から考えますと、死なない自分は有難い自分と思えるのです。

皆様はこの世を去ったとして、一体どこへ行くのでしょうか。これが分からないのです。目に見えない自分をしっかり持っていないから、そういうことになるのです。

般若心経が空をしきりに言うのは、色は間違っていると言いたいからです。色というのは物質、または現象を言うのです。目に見えるものです。目に見える自分と、空である目に見えない自分が、皆様の中にいるのです。

目に見える自分のことは分かっていますが、目に見えない自分が分からないために、死んでからどうなるかが分からないのです。

仏教では死んでからどうなるのかが絶対に分かりません。西方極楽浄土という言葉が阿弥陀経にありますけれど、これが本当にあるのではないのです。

西方極楽浄土の実物は仏教にはないのです。観無量寿経という経典に極楽のことを書いていますが、これは実物ではありません。

仏教は死んでから行きたい世界を、希望的観測に従って書いているのです。そういう世界があったらいいなあということを書いているのです。これは人間の想像による産物なのです。本当のものではありません。

仏教に般若波羅蜜多という思想はありますが、般若波羅蜜多という事実はありません。仏法には即ち釈尊の考えの中には、波羅蜜多ということがあったようです。しかし、今の日本の仏教には波羅蜜多は全くありません。

彼岸へ渡るということが今の寺院仏教には絶対にないのです。今の仏教のお坊さんが仏教を人々に売り込むために、彼岸へ渡るという理屈を言っているだけです。

本当の波羅蜜多というのは、衣を着て金襴のお袈裟をかけていたのでは、絶対に分かりません。仏教という宗教を認めてしまうと、向こう岸へ渡れなくなってしまうのです。これが痛し痒しになるのです。

般若波羅蜜多は本当のことです。本当というのは仏教ではないという意味です。仏法として本当のことです。

仏教と仏法とは全然違います。仏教は皆様を食いものにする宗教です。仏教は日本人を食いものにしているのです。長い間日本人を食いものにしていたのであって、本当の命を皆様に与えていたのではなかったのです。

仏典の中には本具の自性という言葉があります。これは言葉としてはありますが、実体としてそれが分からないのです。これは生まれる前の自分のことです。

本具の自性というのは、生まれる前の自分のことです。生まれる前の自分というのは、皆様の中に目に見えない自分としてあるのです。生まれる前の自分は生まれる前のことですから、死ぬことはありません。人間はこの世に生まれたから死ぬことになったのです。

生まれなければ死ぬはずはありません。生まれる前の命のことを永遠の命というのです。永遠の命というのは、生まれる前の命のことをいうのです。これが皆様の中にあるのです。これを本具の自性というのです。

これが分かれば死ななくてもいいのです。ところが、現在の文明はこれが分からないようにしているのです。これが分からないように教育してしまったのです。

人間が人間を教育しますと、魂が死んでしまうのです。教育によって仕事をする人間ができます。科学や法律を学ぶ人間ができるのですが、こういう人間は死んでしまうのです。現世に役に立つ人間、現世の生活に一生懸命になっている人間は、死んでしまうに決まっている人間であって、皆様の中にはもう一人、死なない人間がいるのです。

仏教では本具の自性という言葉を使っていますけれど、本具の自性の本当の実体を見せることができないのです。これをはっきり証明することができないのです。ここが宗教の悪い点です。

宗教は教えであって事実ではありません。宗教ではない般若心経とは、教えではない般若心経ということです。事実である般若心経ということです。

目に見える自分と、目に見えない自分とが皆様の中に一つになっているということです。生まれる前の皆様が、目に見えない自分になって自分の中にいるのです。目に見えない自分が、目に見える自分の中に入っているのです。このように二重構造になっているのです。

目に見えない地球と目に見える地球とが、一つの地球の中にあるのです。目に見えない地球のことを、聖書は神の国と言っているのです。

本具の自性という言葉を仏教では使います。思想的には永遠の命と言いますけれど、それを実感していないのです。実感していないから、皆様に永遠の命の実物を与えることができないのです。

仏教のお坊さんは永遠の命の実物を持っていなくても説明ができるのです。キリスト教の牧師さんが永遠の生命の実物を持っていなくても、説明くらいはできるのです。そういう話を聞いて分かるかと言いますと、分からないのです。

宗教の話を聞いて、宗教の外へ出てしまうのです。そうすると、宗教ではない自分を見つけることができるのです。親鸞はそれを実行したのです。

親鸞は三十三才まで比叡山で勉強していました。三十才の時に法然の話を聞いて、その弟子になったのです。それから六十三才までの間、浄土真宗を教えていたのです。そうして六十三才になって浄土真宗をやめてしまって、都へ帰り、九十才まで乞食みたいなことをしていたようです。

三十三才までの親鸞と、六十三才までの親鸞と、九十才までの親鸞と、三人の親鸞がいるのです。本当の親鸞は浄土真宗をやめてしまった親鸞ではないかと思われるのです。今浄土真宗で説いている親鸞は、三十三才から六十三才までの親鸞であって、六十三才から九十才までの親鸞は、浄土真宗の親鸞ではないのです。

これは歎異抄を読んだら分かります。こういう訳でありまして、宗教を卒業してしまうと、初めて本当のことが分かるのです。しかし、親鸞の場合は浄土真宗をやめたけれども、本当の永遠の命が分かったかと言いますと、分からなかったのです。

死なない命は自分の中にあるに違いない。これは分かっていたようですが、それをどのようにして見つけたらいいのか。それをどのように人々に伝えたらいいのか。その時の親鸞には聖書がなかったので分からなかったのです。

キリスト教ではない聖書を読みますと、初めて人間が死ぬべきものではないことが分かるのです。仏教経典の中には死ぬべきではない命がはっきり書いてありません。仏性という言い方で書いていますが、仏性である人間がどういうものであるかをはっきり説明していないのです。

釈尊が言ったのは一切空です。現在生きている人間は空だと言っているのです。空である人間がなぜいるのかについては釈尊も分からなかったようです。

イエス・キリストが復活した。死を破ったことによって、人間が死ぬべきものではないことが証明されたのです。人間が死ぬべきものではないことがはっきりしたのです。これが西暦紀元の元年になっているのです。

今年は二〇一五年ですが、イエス・キリストが復活してから二千年にもなるのに、未だに日本人は死なない命が分かっていないのです。

仏教もキリスト教も死なない命が分かっていないのです。

日本に般若心経が伝わってから、本当に般若波羅蜜多を説いた人は一人もいないのです。彼岸はこういうものだということを言って、自分で実際に向こう岸へ行った人は、一人もいないのです。

私はこれを実行しています。できるので実行しているのです。西洋文明と東洋文明と二つあると思うから間違っているのです。仏教とキリスト教と二つあると思うのが間違っているのです。こういう常識を捨ててしまうのです。文明的な常識を捨ててしまって考えて頂いたら分かるのです。

宗教は文明構造の中の一翼でありまして、政治経済、教育、法律、宗教は文明構造の中の一つをいうのです。宗教は現世に生きている人間に宗教の教義を教えるのが目的です。永遠の命の実物を与えることを目的にしていないのです。

だから、宗教をいくら勉強しても永遠の命は分かりません。宗教思想は分かります。しかし、命は分からないのです。

宗教は現世に生きている人間を相手にしているのです。しかし、皆様が現世を去ってしまいますと、宗教は一切役に立ちません。寺で言っていること、教会で言っていることは、現世の人間にアピールしているのです。

ところが、皆様はやがて現世を去ってしまわなければならないことになるのです。現世を去ってしまいますと、キリスト教も仏教も一切当てになりません。

現世を去っても役に立つものは何かと言いますと、死を破って復活したということです。この事実だけしか役に立たないのです。

宗教は現世に生きている人間に教えを説いているのです。命を説いていません。宗教には命がないのです。思想を教えるだけです。

般若心経の説明書をたくさんの人が書いていますけれど、これは現世の人間の思想を書いているのです。そういうものはなるべく読まない方がいいでしょう。読んでもプラスにならないからです。

皆様は五十年、六十年の間この世に生きていて、命が分かったのでしょうか。これを考えて頂きたいのです。この世に生きていても、命は一切分かりません。肉体人間としてただ生活を経験しているだけでありまして、肉体人間というのはこの世に生きている人間です。ところが、魂は永遠から永遠に生きているのです。

一万七千六百巻と言われる膨大な大乗仏教の中に、魂という文字は一字もないのです。だから、仏教では霊魂の説明ができないのです。仏教には永遠の生命がないからできないのです。

仏教には思想はありますが、命がないのです。宗教であるか、宗教でないかの違いは、命があるかないかの違いになるのです。

般若心経は五蘊皆空を第一番に説いていますが、五蘊というのは、人間のあらゆる常識、知識をいうのです。人間の精神状態は全部間違っていると言っているのです。

皆様は現世に生きておいでになると、肉体的に生きている自分のことしか頭にありません。

肉体的に生きている自分だけしか考えていないのです。だから、魂が全く分からないのです。

仏教は魂のことを説明しません。説明できないからです。釈尊は現世に肉体的に生きている人間は空だと言い切ったのです。ところが、日本の仏教は一切空だと言い切っていないのです。一切空だと言い切ってしまいますと、商売にならないからです。

宗教はすべて商売です。大きな寺を建てたり、仏像を置いたりすると相当なお金がいりますので、自然に商売になってしまうのです。お金がなければ仏教は成立致しません。そこでやむを得ず商売になってしまうのです。

これは良いか悪いかの問題ではなくて、現世において教えを説こうとすれば、結局商売になってしまうのです。

大学も商売です。大きな学校を建てて学生を集めるとしたら、商売になってしまうのです。そこで、日本人は般若心経の五蘊皆空、色即是空をどうしても勉強しなければならないのです。皆様は花を見たら美しいと思われます。美しいというのは生まれる前の皆様の魂によって見ているのです。ところが、見ている人間の目の感覚は、現世に生きている人間の意識です。美しいという感覚は魂の感覚ですが、見ている意識は人間の意識になっているのです。

男は女を姦淫の念によって見ているのです。なぜこうなるのかと言いますと、女はいないのです。女がいると思うから性欲によって見てしまうのです。

本当の愛とは何か。太陽が地球を愛している。太陽の力とエネルギーが地球に放射されている。これは太陽が地球を抱いているのです。これが愛です。この愛が女になって現われているのです。

女という人間がいるのではありません。太陽系宇宙に存在している愛を形で現わすと女になるのです。

日本人は聖書を知らないのです。本当の聖書の読み方を知らないので、太陽と地球の関係ということが分からないのです。

皆様は生まれる前に、花が美しいということを経験していたのです。だから、現世で花を見て美しいと思えるのです。

皆様は花が美しいということを、誰かに教えてもらったでしょうか。学校では花が美しいと教えていないのです。美しさを人間は教えることはできません。

皆様は子供の頃に、美しさというものを誰かに教えてもらったのでしょうか。花を見て美しいというのは人間の直感です。直感というのは、生まれる前の感覚をいうのです。これによって見たり聞いたりしているのです。

皆様は命の勉強をしていません。このままで死んだらどうなるのでしょうか。死んだらどうしますか。このことをよく考えて頂きたいのです。

宗教では命のことは分かりません。宗教は肉体的に生きている人間の教えです。この世に生きることだけを教えているのです。この世を去ったらどうするのでしょうか。

皆様の霊魂は生まれる前に経験していたのです。生まれる前の感覚が、五官という形で働いているのです。だから、おいしいということが分かるのです。女性が美しいと思えるのは生まれる前の感覚です。人間の五官の働きは生まれる前の感覚で、おいしい、美しいというのは生まれる前のことを感じているのです。現世に生きている人間の意識ではないのです。これをよく考えて頂きたいのです。

現在のキリスト教は、キリスト教の教義に基づいて聖書を見ているのです。キリスト教は教義を教えているのです。本当の聖書を教えているのではありません。

聖書は神の言葉ですが、キリスト教の人々も聖書は神の言葉であると言っています。これは宗教的な角度からそう言っているのです。

「人は神にかたどりて造られた」と書いています(創世記1・26)。現在の人間は神にかたどりて造られていながら、神が分かっていないのです。キリスト教でも神が分かっていません。

神とは何かと言いますと、皆様が生きているということが神です。皆様の目が見えること、心臓が動いていることが神です。キリスト教ではこの神が分からないのです。

キリスト教は聖書を読んでいながら、神の実物を知らないのです。神の実物が分からないのです。「天にいますわれらの父よ、御名が崇められますように」と祈っていながら(マタイによる福音書6・9)、天にいますということが分からないのです。御名を崇めるとはどうすることなのか。これが分からないのです。

人間は過去、現在、未来を考えなければ生きていけないような精神構造になっているのです。これが実は皆様の生命構造になっているのです。精神構造と生命構造は同じものなのです。

人間はただこの世を去るだけではありません。現世に生きている人間は死んでしまいますが、霊魂は死んでしまったら終わりではないのです。

皆様は五十年、六十年の間、この世に生きてきました。その記憶があるのです。皆様の記憶は現世に生きている常識の記憶ばかりですが、これが死んでからも残るのです。

イエスは言っています。

「目は体のあかりである。だから、あなたの目が澄んでおれば、全身も明るいだろう。しかし、あなたの目が悪ければ、全身も暗いだろう。だから、もしあなたの内なる光が暗ければ、その暗さはどんなであろう」(マタイによる福音書6・22、23)。

内の光というのは、皆様の中にある先天性のことです。持って生まれた知恵です。先天性の命です。これによって、味わったり、音や光を感じているのです。性と食をしているのです。

人間は先天性がなければ生きていけないのです。先天性は肉体を持つ前の機能ですから、肉体がなくなっても消えてしまわないのです。

皆様の中に目に見える自分と、目に見えない自分があると言いましたが、目に見えない自分は先天性の自分です。五官の感覚が先天性です。これが死なない自分です。

肉体はなくなりますが、皆様の記憶はなくならないのです。これが裁きの対象になるのです。

時間を知っている。空間を知っている。食物の味が分かる。これが人間の霊魂の働きです。この霊魂の目を開くことが必要です。

皆様が持って生まれた命が霊魂の本体であって、これが肉体がなくなっても残っていくのです。霊魂不滅と言いますように、霊魂はなくならないのです。

まず般若心経によって五蘊皆空を知って頂きたいのです。そうして、究竟涅槃によって、現世に生きている自分の気持ちを否定してしまうのです。

仏教は現世を解脱することが目的です。究竟涅槃を体得することによって、現世を解脱することはできますけれど、死んでからどうなるのかについては、一切説いていないのです。ですから、皆様は霊魂の勉強をして頂きたいのです。

皆様は過去、現在、未来を考えて生活しています。これが皆様の精神構造ですが、皆様の生命構造も同様です。生まれる前の人生と、現在の人生と、現世を去った後の来世があるのです。これが皆様の生命構造です。

死んでからが必ずあるのです。だから、生活の問題よりも魂の問題を第一に考えて頂きたいのです。

向こう岸とは何か。皆様が持って生まれた先天性が向こう岸です。これが仏性です。これが皆様の中にあるのです。

まず皆様は自分が生きているという思いを解脱する必要があるのです。自分が生きているということの向こう側があるのです。

皆様の中に先天性というすばらしいものがあるのです。赤いものを見たら赤く見える。甘いものを食べたら甘いと感じる。これが皆様の霊魂の働きです。これが皆様の命の実体です。

これが今の人間には全然分からないのです。人間の知識、常識のために分からなくなっているのです。そこで般若心経の五蘊皆空、色即是空、究竟涅槃を体得して頂きたいのです。

生きているということが光になるのです。イエスはこのことを、「目は体のあかりである」と言っているのです。「あなたの目が澄んでいれば全身が明るいだろう」と言っているのです。

皆様は自分の常識で生きていますが、これは生活の知恵です。生活の知恵は生活に関することになるのです。皆様はやがてこの世を去ることになりますので、魂の光を勉強しなければならないのです。

皆様の中に先天性の機能があります。先天性の機能によってできた記憶が先天性の記憶であって、これが死んでからの命になる。これが永遠の命です。

21. 水と霊によって新しく生まれる

現在の人間は生きていると思っていますが、これが間違っているのです。一人前の人間であると考えているのですが、これがキリスト教の考えです。これが間違っているのです。

神は今の人間を全然相手にしていないのです。人間を相手にしているのはキリスト教です。キリスト教は今の人間を相手にしています。

私は社会人としての皆様を相手にしていません。もし相手にしていたら、聖書の勉強は成り立たないのです。

イエスも相手にしていなかったのです。「私は上から来たものであるが、おまえたちは下から出たものである」と言っているのです(ヨハネによる福音書8・23)。

皆様は固有名詞の自分を問題にしないで、幼子である感覚をそのまま見るようにして頂きたいのです。

水というものは何か。水の原点を言いますと、すべての物質は水から出ているのです。これはペテロの第二の手紙に書いているのです(3・5)。

すべてのものは水から出て、水によりて成り立ったものであると書いているのです。これは第一原子である水素原子のことを言っているのです。目に見える水ではなくて、目に見えない水のことを言っているのです。霊の水のことをいうのです。

これは物質の原点を指すのであって、水の中に生きている魚は、肉を住まいにしている獣とは命の素質が違うのです。

地上の生き物は動物です。肉なる動物です。水中の魚は動物には違いないのですが、次元が違うのです。地上の動物を肉の動物だとしますと、水中の動物は霊の動物になるのです。霊の動物の雛形、譬になるのです。

肉の動物に対する神の処置と、霊の動物に対する神の処置とは違うのです。地上のものを食べるということは、肉なるものが肉なるものを食べることを意味するのです。

皆様は新に生まれて神の国に入るということを勉強して頂きたいのです。水からと霊から生まれて神の国に入るとしますと、皆様の霊魂そのものが、水の生物になってしまうのです。

現世に生きていても、普通の生物と全然違ったものになってしまうのです。これがとこしえの命を持っている人の生き方です。現世に生きていて死ぬべき命を持っている人が、死なない命を現実に経験することができるということが魚の譬です。

初代教会の時代に魚の絵を描いて、イエス・キリストを信じる者の暗号に使われたという伝説がありますが、魚というのはそのような意味があるのです。魚は永遠の命のシンボルになっているのです。

現世に生きていても、現世の命に生きていない。現世における神の国の命に生きるのです。

現世には普通の人間が生きているこの世と、この世ではない神の国と二重になっているのです。イエスが、「時は満ちた。神の国は近づいた」というのは（マルコによる福音書1・15）、これを言っているのです。

イエス・キリストの復活によって、復活の霊、復活の御霊がこの地球上に下っているのです。「終わりの時には、私の霊をすべての人に注ごう」というヨエルの預言にありますように（使徒行伝2・17）、神の御霊が地上に下っているのです。

神の御霊が地上に下っているということは、現存する地球上に既に神の国が実現しているということなのです。この実体がキリスト教では全然分かっていないのです。

キリスト教は神の信じ方ばかりを問題にしているのです。神の信じ方をいくら問題にしても、神を信じるということはできません。信じ方に対して良いか悪いかばかりを問題にしているのです。

キリスト教は神について勉強しているのです。神に属する勉強をしているのです。これが神学です。内村鑑三氏はこればかりをしていたのです。内村鑑三氏は神について勉強していたのであって、神そのものを知りません。彼はキリスト教の先生でしたが、神の証を全然していないのです。内村鑑三氏の信仰はこういう信仰でした。

「天にいますわれらの父よ、御名が崇められますように」とありますが（マタイによる福音書6・9）、これが全然分かっていなかったのです。

イエス・キリストの信仰と内村鑑三氏の信仰とでは、全然違うのです。

カルマとは何か。仏教大学ではカルマという言葉を常識のように使っているのです。これは聖書にある原罪と同じ意味になるのです。

ノアの洪水の時に、滅ぼされなかったのは魚だけです。地上の生物は全部罰せられたのです。地上の生き物は、鳥類から獣から虫類に到るまで、全部滅ぼされたのです。

この時に神の刑罰を逃れたのは、水中の生き物だけです。水中の生き物がとこしえの命の雛形になっているのです。

水中の命というのは地球上に住んでいても、別種の命を持っている生き物を指しているのです。

日本人はノアの洪水の意味が全然分かっていないのです。これはキリスト教が悪いからです。キリスト教はノアの洪水のことを全然知りませんから、洗礼は受けても受けなくてもいいと、ばかなことを内村鑑三氏が言っているのです。

水のことを知らない、洗礼のことをはっきり認識していないということは、イエス・キリストそのものをばかにしていることになるのです。神を足蹴にしているのです。こういうばかなことを内村鑑三氏はしているのです。これを現在のキリスト教の人々は知らないのです。

水と御霊とが一つになって働く状態が、創世記の一章二節に書かれているのです。神の霊が水のおもてを覆っていたとあるのです。英訳ではAnd the Spirit of God moved upon the face of waterとなっています。Moved uponというのは動かしていたという意味です。神の霊が水のおもてを覆い尽くすような形で動かしていたという意味になるのです。

水があることが神の御霊が動かす対象としてあるのです。水があることが御霊の働きがあることを意味するのです。

現在の物質が存在するということは、水があることが原点になるのです。物質的存在を自然科学の原理から考えることをやめて、霊的に見て頂きたいのです。

闇が淵のおもてにあったということを対象にして、神の霊が水のおもてを覆っていたということを考えて頂きたいのです。

淵と水とは同じものです。水は動いているのです。流れているのです。淵は流れていない、留っているのです。こういう違いがあるのです。

水のおもてというのは水のあり方です。水のあり方をいつも動かしている。これが水素原子の働きを暗に示唆しているとも考えられるのです。

水素原子が地球の物質の九十％以上を占めているのです。神の霊が水のおもてを動かしていることが、物質世界の原点になっているという聖書の言い方は、現在の科学から考えても間違っていないのです。

水ということが物の原点なっているのです。人間が水から生まれるということは、皆様の肉体がもう一度やり直されることを示しているのです。皆様の肉体が現在あることは、今の状態では死ぬためにあるのです。ところが、ノアの洪水をよくよく考えて、これをもう一度自分の肉体がかぶるのです。

ノアの洪水を自分の肉体が受けることになりますと、皆様は生まれる前に帰ってしまうのです。これを水から生まれるというのです。

皆様の現在の肉体が消滅しても、別の形で存続するのです。肉体が完全に消えてしまうのではありません。

マタイによる福音書にありますが、イエスが洗礼を受けて水から上がった時に、神から見たらイエスの肉体が見えなかったのです（3・10、17）。これがイエスが正当に、正式にノアの洪水を受け取ったという証明になるのです。

父なる神の御心に従って洗礼を受けますと、その人の肉体が消えてしまうのです。神の目からご覧になると、その人自身がいないのです。本人の信仰が神の御心に接着するのです。イエスがノアの洪水を受けたということが神に分かったのです。その結果、神からはイエスの肉体は見えなかったのです。

イエスはノアの洪水を真正面から受け止めたのです。これを神は非常に喜ばれたのです。

ノアの洪水を真正面から受け止めるということは、めったにないことです。神がアブラハムに約束を与えた後、二千年の間一人もなかったのです。イエスが初めてこれに成功したのです。

そこで神が非常に喜んだのです。I am well pleased と言っているのです。神の喜びの表現が、神の御霊が鳩のように下ったとあるのです。

水のバプテスマをノアの洪水として真正面から受け取るということは、その人自身の肉体が消えてしまうことになるのです。これが洗礼の本当の意味です。キリスト教ではこれが全然分からないのです。

キリスト教の牧師で、洗礼について正しく説明できる人は一人もいません。

イエスは、「誰でも水と霊とから生まれなければ、神の国に入ることはできない」とはっきり言っていますが（ヨハネによる福音書3・5）、この意味がキリスト教の指導者に分かっていないのです。

これは日本だけではありません。アメリカでもヨーロッパ、南米でも同様です。全世界のキリスト教の人々に分かっていないのです。白人社会が聖書をばかにしているのです。白人社会が聖書を踏みつけにしているのです。これが白人社会の行き詰まりの原因になっているのです。

やがて、世界に大混乱が起きますけれど、これは白人社会の罪によるのです。日本は白人社会ではないから有難いのです。日本は白人文明と異質の文化を持っている。だから、白人が罰せられる時に、日本は側杖を食らいますけれど、比較的に軽い罰になるだろうと思われるのです。それから、日本には皆様のように真面目に本当の聖書の勉強をしようという方がいるからだとも言えるのです。

世界の状勢はこれからどんどん悪くなっていきます。白人文明は全然根っこを持っていない文明です。聖書を正しく信じていないのです。神をばかにしているのです。キリストを踏みにじっているのです。

キリスト教がキリストを踏みにじっているのです。私は公の立場でキリスト教の間違いを発言しています。神がそれを許しているからです。神が言わせているのです。

水ということがよく分からないということは、神の御霊を踏みつけていることなのです。皆様は水ということを注意して考えて頂きたいのです。

水から新しく生まれるのです。水のバプテスマということは、非常に重大な問題です。水をかぶらなければ新しく生まれることができないのです。これをはっきり説明できる牧師が日本にはいないのです

水は地球の物質の原点になっているのです。ノアの洪水は、神が今から五千年も前に、現在の地球を完全に否定しているのです。神が完全に否定しているのです。

この世界は神に否定されている世界です。ユダヤ人はこれをまともに考えていないのですから、現在の文明は無くもがなの文明が、無くもがなの状態で現われているだけなのです。

現在の文明を神は根本から認めていないのです。国際連合は人間が勝手に集まって、神を踏みつけているのです。

国際連合が基本的人権を主張しています。これを日本も主張していますけれど、これは全く笑い話です。もし基本的人権が人間にあるとしたら、基本的神権を認めなければならないことになるのです。神権を踏みつけなければ、人権という考えは成立しないのです。

神権を考えるための非常に重要な点が水になるのです。地球の原点は水です。これは霊の原理を指していることにもなるのです。水の中に住んでいる動物は、霊の中に住んでいる動物と同じことを意味するのです。

肉体があると考えている方は、その肉体を脱いでしまわなければ死んでしまいます。

ヨハネは、「イエス・キリストは、水と血とを通って来られた方である」と言っています(ヨハネの第一の手紙5・6)。イエス・キリストの肉体は水です。イエスは水のバプテスマによって消えてしまったのです。

皆様の肉体は瞬間、瞬間、絶えず動いています。これを実感されますと、固定的な意味での肉体は消えてしまいます。これを霊なる体というのです。霊なるボディーは水の生物と同じ意味を持つ生態になるのです。

洗礼を受けるということは、そのような確信を与えられることを意味するのです。停止している状態から動く状態に変わってしまうのです。血液が循環している。血と肉とはいつでも動いているのです。

血となり肉となると言いますが、皆様の肉体の健康状態はいつも動いているのです。動いているものは霊です。肉があると考える考え方が間違っているのです。

今日の医学の根本原理が間違っているのです。医学は肉体があると考えていますけれど、医学は命を知りません。生理は知っていますけれど、生理を科学的にしか見ていないのです。

生理は科学ではないのです。肉体存在の原点が生理です。肉体存在の原理が生理であって、生理がボディーになっているのです。肉体という物質があるのではなくて、生理がボディーになって現われているのです。だから、動いているというべきものなのです。

人間は物質的に存在する肉体があると考えている。これが白人文明、白人哲学の基本的に間違っている点です。白人は神を信じていないのです。神を信じていないために、本当の命が分からないのです。

死なない体があるのです。医学ではこれが分からないのです。死なないボディーが原則です。死ぬに決まった肉体があるというのは、間違った医学によって考えられた理屈です。

医学を信じている人は必ず死にます。医学以上のものがあるのです。自分が生きている命を信じなければならないのです。命を信じれば、死なない自分の生態の原点が分かるのです。

神の霊が水のおもてを覆っているということが本当に分かれば、死なない自分の命が分かるのです。信仰はここまでいかなければ本物とは言えないのです。

今皆様は生きていることによって、知らず知らずに自分の名前の小説を書いているのです。これは本当の自分ではないのです。世間の人間は、これを本当の自分だと思っているのです。

小説の私の一生というものと別れてしまうのです。そうすると、本当の自分の命が分かるのです。これをイエスが主であるというのです。これをJesus as Lordと言います。

Jesus as Lordというのは非常におもしろい言葉です。as Lordというのはどのように訳したらいいのでしょうか。日本語に訳したら、彼は私のシンボルであると訳したらいいかもしれないのです。

イエスは私のシンボルなのです。日本国の憲法に、天皇は国民統合のシンボルであるという言葉があります。イエスは人間統合のシンボルなのです。イエスはこのことを宣言しているのです。

Jesus as Lord が分かると、初めて人間文明の本当の秘密が分かってくるのです。イエスが主であるという本当の意味が分かってくるのです。

皆様は固有名詞の自分があるような気がするでしょう。山田太郎という人がいるとすれば、山田太郎という小説を書いているのです。小説の主人公が自分になっているだけです。

聖書は人間のことを書と言っているのです。地球の歴史が終わる時に、かつて地球に存在した何百億人の人間が、全部書であったと書いているのです（ヨハネの黙示録20・12）。

書であった人間は、全部火の池へ放り込まれるのです。医学を信じている人は書を信じているのです。商売に一生懸命になっている人は、書に一生懸命になっているのです。金儲けとか、恋とか、家族のことを考えていることは、皆書なのです。皆様は自分という題名の小説を書いているのです。

皆様は自分の人生に何の目的があるのでしょうか。ただ死ぬだけです。固有名詞の人生は死ぬだけしか目的はありません。それが嫌なら聖書を勉強するしかないのです。

死ぬしかないことを皆様はよくご承知です。皆様は皆、自分という題名の長い小説を書いているのです。その結果はどうなるのかと言いますと、死んでいくことになるのです。

そこでジーザス・アズ・ロード（Jesus as Lord）を考えて頂きたいのです。これは人類統合のシンボルが国民統合のシンボルという言葉が、日本の憲法にあるのです。これは人類統合のシンボルがあるということの、非常に有力な証明になるのです。

日本の憲法が世界全体の人間の霊魂の証明になっているのです。日本の国柄が全世界の人間の象徴の決め手になっているのです。日本の憲法以外にアズ・ロードについて証明しているものはどこにもないのです。

人間が考えているものは皆嘘です。性欲がある、食欲があると考えている。これが嘘です。恋愛も家庭も、親子も嘘です。本当に聖書を見ていくとこういうことが分かるのです。

人間は自分で自分の小説を書いていながら、自分のリビングが分かっていないのです。自分の感情の起伏、利害得失の観念、自分に気に入った理屈、自分の喜怒哀楽の感情とかいうものは、すべて小説の内容になっているのです。

皆様の生活の実体は何でしょうか。これが分かると救われるのです。自分自身の生活の実体が分からないので、自分の小説を書いているのです。だから、自分の肉の思いが、自分の主観の中心になってしまうのです。これが自分自身のストーリーになってしまうのです。これが自分のヒストリーになるのです。

皆様の存在の実体は何でしょうか。生活的実体の実存は何でしょうか。かつて、フランスに実存主義の哲学がありました。ところが、実存の実体を掴み損ねていたのです。だから、実存主義の哲学は、訳が分からないうちに消えてしまったのです。

本当の実存というのは何でしょうか。人間生活の実存とは何でしょうか。皆様はこの世で何十年間も苦労して生きてきましたが、未だに分からないのです。

人間の生活の主体はリビングです。これが人間に分からないのです。これが水です。生活の主体認識というのは、水における自己認識です。これをイエスは水から生まれるという言い方をしているのです。

水からと霊からとによって新に生まれると、主体認識がはっきり変わってしまうのです。水からと霊からとによって生まれない者は、主体認識が変わらないのです。

生活の主体性はリビングです。リビングの主体性は前世、前生です。これがイエスという小説です。人間の本心はイエスという小説を読みたがっているのです。

聖書はイエスのことをたくさん書いています。これは何かと言いますと、イエスのリビングです。イエスが生まれてくる前のリビング、天にいた時のリビング、そして地上にいた時のイエスのリビングを書いているのです。

イエスは天から下って、なお天にいたと書いているのです。聖書はそれを書いているのです。四福音書はイエスの伝記を書いているのです。この小説は光っているのです。

イエスは天から下った。しかしなお天にいたのです。天から下るという形は取ったけれど、実体的にはなお天にいたのです。

皆様方も同様です。皆様も天から下ったという形を取っていますが、皆様のリビングはなお天にいるのです。

皆様は自分のリビングがありながらそれが分かっていない。リビングがなければライフは成り立たないのです。リビングというのを日本語で言うと、生きているということ、生き方になるのです。皆様が生きているということを直感してください。実はそれは固有名詞に何の関係もないのです。

皆様が目で見ていること、耳で聞いていること、手で触っていることが、初めからあった命の言葉です。固有名詞の人間は肉体人間です。

五官が皆様の主体です。これは初めからあったものです。初めからあったというのは、皆様が生まれる前からあったのです。もっとはっきり言えば、地球ができる前からあったのです。もっと正確に言えば、太陽系宇宙ができる前からあったということです。ビッグバンの前からあったのです。

大爆発の前からあったのです。約百三十七億年前にビッグバンが発生したと言われますが、その前からあったのです。

「初めに言《ことば》があった。言は神と共にあった。この言に命があった」とあります(ヨハネによる福音書1・1）。地球ができる前、太陽ができる前、ビッグバンの前に言があったのです。言が太陽になった。地球になったのです。そして、人間になったのです。私になったのです。

今私たちは初めからあった言を、森羅万象として見ているのです。これに触っているのです。現世では加藤とか山田とかいう固有名詞を付けていますけれど、これは影の自分、嘘の自分としてあるのです。

初めに皆様の原形があったのです。その時は加藤さんも山田さんも同じだったのです。一つの命だったのです。一つの命があったのです。

皆様は今、初めからあった命の言を見ているのです。それを聞いているのです。これが分かったら、今生きている固有名詞の人間には何の価値もないのです。

皆様には初めからあった力が今宿っているのです。その力によって見たり聞いたりしているのです。これがイエスです。それを考えずに、固有名詞の自分として生きているからいけないのです。

イエスとして生きるのです。これをジーザス・アズ・ロードと言うのです。そうして、四福音書の中へ入ったらいいのです。ヨハネは皆様に初めからあったことを教えるために、福音書を書いたと言っているのです。

初めからある命を掴まえたら、この世に生きていても生きていなくても同じことです。これをよくご承知頂きたいのです。

22. キングダム

ヨハネの黙示録五章十三節に、天と地、地の下と海の中にあるすべての造られたもの、そしてそれらの中にあるすべてのものの言う声を聞いたとありますが、これがちりの原形です。ちりの原形が神の御霊によって覆われていたので、天使長の悪魔が触ることができなかったのです。ちりが二日目、三日目にどのように用いられているかです。

「神が水と水との真ん中に大空をはった」とあります（創世記1・6）。水のおもてが大空となって展開しているのです。

大空とは何かと言うと、「もろもろの天は神の栄光を現わし、大空は御手の業を示す」とあります（詩篇19・1）。大空は御手の業です。地球を囲んでいる大空の働きは、確かに御手の業と言わなければならないものです。

大空がはられているので、万物が皆生きているのです。万物が創造されて保たれている原理は大空です。これが御手の業です。大空という御手の業のおかげで森羅万象が生きている。これがちりの現象です。人間存在の原形は大空です。私たちの働きは知らず知らずに大空の働きをしているのです。

日本には天皇制という不思議な政治形態がありますが、これがキリストの一つの典型です。天皇が政治権力を持つと、国が悪くなる。政治権力を持たなければいいのです。表面に現われるべき政治権力ではない。隠れた政治権力です。第三の天のキリストの雛形みたいなものです。表面に現われてはいけないのです。隠れてはいるが、なくなってはいけないのです。

日本の国が神的なあり方であるので繁栄しているのです。

国の象徴とは何か。象徴はあってもなくてもいいのですが、その文句が憲法にあるのがおかしいのです。象徴は文学的な表現であって、政治的な表現とは違います。法律上の表現でもないのです。文学的な表現が憲法に割り込んできたというのはおかしな話です。

新約時代のあり方がそのまま政治経済に現われたのが日本です。新約時代の象徴が第三の天のキリストです。表面には現われていませんけれど、第三の天にキリストがいることが新約時代の特長です。

ヤマトいうヘブライ語をなぜ日本に担ぎ込んだのか。ユダヤ人の分家でなければ説明できないのです。

人間は万物の中で、森羅万象の中で生きているという不思議な経験をしているのです。人間の肉体はありません。無いのにあるような感覚を持たされている。しかも万物が存在する真ん中で、五官が働くというコンディションを与えられて、万物を感覚している。

一体、人間は何をしているのかと言いたいのです。何をしているのかを静かに考えれば分かるのです。毎日、朝から晩まで注意深く見るのです。例えば、魚を食べたり、果物を食べたり飲んだりしている時に、何を感じているか。青空を見て、何を感じるのか。

「バラが咲いた、バラが咲いた、真っ赤なバラが」という歌がありますが、歌っている人が何を感じているかです。これは生きている感覚をそのまま歌っているのです。これは何を経験しているのかです。

人間が生きていて毎日経験しているのは何か。柔らかいふかふかの蒲団の中で寝転がっている時の気持ちは、何を経験しているのでしょうか。何かを経験しているのです。

人間は生きていることに言い知れぬ喜び、楽しみを感じています。なぜ喜び楽しいのでしょうか。こういうことをじっと見るのです。自分が生きている状態を覗いてみるのです。

何かを喜んでいるのです。歩いていれば歩いていることを、食べていれば食べていることを、飲んでいれば飲んでいることを、運転していれば運転していることを、喜んでいるのです。

イエスが山上の垂訓でそれをテーマにしているのです。マタイによる福音書の五章から七章にかけて、生きている喜びについて語っているのです。山上の垂訓を実行すると、生きている喜びが格段に深くなるのです。

神に生かされているという事実を、素直に生きるのです。生きる権利があると思わずに、生かされているという有難さをごく素朴に感じると、楽しみが深くなるのです。

「エホバを思うわが思いは、楽しみ深からん」とダビデは言っています。神を思うと楽しみがずーっと深くなるのです。これをイエスはキングダム（kingdom）と言っています。キングダムとは私たちがこの世に生きている時に感じていることです。

家長なら家長の権威、先輩なら先輩の位を認めると、キングダムが成立するのです。年上の人を年上のように扱う。上司を上司のように扱うと、キングダムが自分に分かるし、他人にも分からせることができるのです。仁義礼知信をきちっと生きると、そのまま神の国を喜ぶ喜びが、直に感じられるという大変なプラスがあるのです。

自我意識を捨てると、神が神になるのです。他人の位を重んじるということは、自分の位を捨てることです。自分の位を捨てて、他人の位を重んじると、そこが神の国になるのです。

私たちが柔和謙遜で生活する気持ちさえあれば、重荷はなくなるし、不平不満はなくなるのです。神を信じやすくなるし、神を喜ぶことが現実にできるのです。

自我意識さえ捨てて、柔和謙遜に生活するということだけで、キングダムをしっかり味わえるようになっている。これは不思議な世界です。

福音というのは実に具体的な現実性があるのです。人間はキングダムをそのまま味わっているのです。だから、人間は死にたくないと思うのです。死にたくないというのは、キングダムから離れたくないという気持ちです。

生きているということは有難いことです。人権主義を振り回している人でも、生きていることは有難いと思う。ましてや、人権主義を捨ててしまって、位を位とし、権威を権威として重んじている人には、謙遜な喜びがあるのです。謙遜な喜びの方がずっと深いのです。威張りかえって自尊心を振り回す喜びよりも、柔和謙遜の喜びの方がずっと深いのです。

結局、利口に、器用に、人間的なワイズとアンダスタンドで生きると、ばかを見ることになるのです。なるべく封建的なあり方の方が喜びが大きいのです。欧米社会の人々の意識はこれと正反対です。

日本文化には封建的な文化性が底光りしていますが、これが欧米人には分かりません。生花の本質が分からないのです。日本人には分かるのです。茶道、華道の中にはキングダムの味わいがありますが、これを見つける人は、よほど慧眼があるのです。これを掴まえたらいいのです。

「心の貧しい人たちは、さいわいである、天国は彼らのものである」とイエスは言っています（マタイによる福音書5・3）。心が貧しい（poor in spirit）ことが、キングダムだ。その人はキングダムを持っていると言っています。

山上の垂訓の主要テーマがキングダムです。これを意識にはっきり求めることが、神の国と神の義を求めることなのです。

鳥が飛んだり、花が咲いていることがキングダムです。人と話したり、食事をしたり、スポーツをしたり、音楽を聞いたり、旅行をしたり、日常生活のあらゆることが、すべてキングダムの経験になっているのです。最も素朴なあり方で、キングダムがあるのです。

キングダムは今隠されています。柔和謙遜でよほど苦労しないと分かりませんが、千年王国になるとキングダムが表面に現われます。その時になると、霊の恵みが分からなくなるのです。

キングダムが表面に出るから、却ってその有難みが消えるのです。

敵を愛せとイエスは言っていますが、敵を愛したいと思うだけでキングダムになれるのです。神が矛盾を与えているのは、本人の心構えに対して、すぐに即応的に恵みが与えられるためです。これが生ける神です。

神は生きているのです。位を崇めようと決心すると、それだけで実行しなくても、神の喜びが入ってくるのです。

自我意識を捨てようと思っただけで喜びが感じられるのです。このやり方を、山上の垂訓でイエスが説いているのです。

生きているだけで何となく楽しいのです。これから離れることが辛いのです。なぜか、生きていることがキングダムにいることだからです。肉体を離れて暗い所へ行くということは、死ぬことになるからです。生きている楽しさが消えるからです。

今まで人間は悪魔を実感していました。悪魔を実感することをやめて、神を実感しようと考えれば、すぐにキングダムに入れるのです。本当に神を信じると、生ける神の子がすぐに分かるのです。

私たちが生きているのは水と血と御霊によるのです（ヨハネの第一の手紙5・8）。水は大自然の法則であり、地は動物の命、御霊は大自然を動かしているエネルギーです。肉体があるのではない。ただ、水と血と御霊があるだけです。これを一〇〇%信じられなくても、一〇%信じられたら健康的に大いに違ってくるのです。

神の有難さを自分の生活で体験するのです。神の有難さを体験していないから、信仰の楽しさとか、有難さが分からないのです。有難い神を喜んだらいいのです。

神の実体と人間の霊魂の実体は、そのまま父と子の関係であって、父と子との関係は典型的な封建主義なのです。

人間は自分で平和を実現しようと考えたり、自分で栄光を現わそうと考えるから、だんだん不幸になるのです。

人間文明は自分で自分の生活を楽にしようと考えたり、自分の権利を拡張しようと考えています。だから、だんだん不幸になるのです。その結果、不信そのものの時代が現われたのです。不信感がそのまま国際連合に現われている。不安と憎しみが対決しているのです。

人間文明はこれ以上向上することはありません。向上しないから後は滅亡するだけです。全く良くなる見込みがありませんから、自滅するしか道はないのです。

生ける神の言葉によって再臨を組み立てるとどうなるのでしょうか。金銀玉楼のようなもの、思想の大殿堂になるでしょう。

世界のキリスト教は、キリストの再臨が全く分かっていません。概念だけはありますが、キングダムを全然知らないのです。

今の時代がキングダムの時代であるとすると、これが歴史的に実現するとどうなるかです。

ユダヤ人を指導するとすれば、イエスは再び来るということを言わなければならないのです。イエスは再び来るのです。新約聖書はイエスが来ると三百十八回も言っています。一番多く言っています。

ヨハネは言っています。

「これらのことを証とする方が仰せになる、『しかり、私はすぐに来る』。アーメン、主イエスよ、来たりませ」(ヨハネの黙示録22・20)。文語訳では「我すみやかに来たらん」となっています。これがイエスが来るという最後の言葉です。その前に三百十七回も言われているのです。「主イエスよ来たりませ」と、ヨハネが教会を代表して祈っているのです。

本当にイエスが再び来るということを歴史的に理解すると、これが光になるのです。

23. 神の国と神の義を求めよ

神の国とは何か。神の天地創造が現物になって現われているのが地球です。神の天地創造という事がらが現物になって現われているのが森羅万象です。神の国が見える形で現われているのです。

聖書に次のような記事があります。

「イエスはこれらの言葉をことごとく人々に聞かせてしまったのち、カペナウムに帰ってこられた。

ところが、ある百卒長の頼みにしていた僕が、病気になって死にかかっていた。この百卒長はイエスのことを聞いて、ユダヤ人の長老たちをイエスのところにつかわし、自分の僕を助けに来てくださるようにとお願いした。

彼らはイエスのところにきて、熱心に願って言った、『あの人はそうしていただくねうちがございます。私たちの国民を愛し、私たちのために会堂を建ててくれたのです』。

そこで、イエスは彼らと連れだってお出かけになった。ところが、その家からほど遠くないあたりまでこられたとき、「主よ、どうぞご足労くださいませんように。私の屋根の下にあなたをお入れする資格は、私たちにはございいません。

それですから、自分でお迎えにあがるねうちさえないと思っていたのです。ただお言葉をください。そして私の僕をなおしてください。

わたしも権威の下に服している者ですが、私の下にも兵卒がいまして、一人の者に行けと言えば行き、他の者に来いと言えば来ますし、また僕にこれをせよと言えばしてくれるのです』。イエスはこれを聞いて非常に感心され、ついてきた群衆の方に振り向いて言われた。『あなた方に言っておくが、これほどの信仰は、イスラエルの中でも見たことがない』。使いにきた者たちが家に帰ってみると、僕は元気になっていた」（ルカによる福音書7・1〜10）。

百卒長は部下の兵卒に、行けと言えば行く。来いと言えば来る。死ねと言ったら場合によったら死ぬのです。上官の命令によってそういう行動をするのです。

言葉がそのような恐ろしい権威を持っているのです。普通の人間の言葉が、人の命を奪うかもしれないほど危険な仕事を命令するのです。兵卒がそれを実行するのです。

これは一体どういうことか。言葉とはどういうものかということです。これは必ずしも口から出る言葉でなくても、文字としての言葉でも同じことです。

文字とか言葉とかいうものは、その文字や言語に現われたことが実現するのです。言葉が実現するのです。

言葉が実現するということが神の国です。「神の国と神の義を求めよ」とはこれを言っているのです。百卒長はこれが分かったのです。言葉にこれほどの力があることを見破ったのです。

「あなたが私の所へ来て頂くほどのことはございません。どうぞ御言葉をください。そうすれば僕の病気は癒えるでしょう」と言ったのです。

イエスはこれに驚いたのです。来て頂かなくても言葉だけで癒えると言ったのです。言葉で病気が治ると思ったのです。

人間が日常生活で毎日しているという何でもないことの中に、神の国があるのです。そこでイエスは、「汝ら互いに相愛せよ」と言ったのですが、これはどういうことかということです。私たちは毎日、毎日、朝から晩まで、言葉を使って生活したり、仕事をしているのですが、これが神の国にいることです。神の国を造っているのです。ところがなかなか神の国が分からないのです。一体何をしているのかと言いたいのです。

生かされているということは神よりのことです。これが生きているという現実になって現われているのです。これが大自然です。

山も川も森も林も、皆命が現われているのです。命という隠れたものが、山とか川とかいう現象になって現われているのです。

このように、私たちは目を通して、霊なる力、命を見ているのです。肉なる形を通して霊なるものを見ているのです。これができるのは人間だけです。

これができる人間は、現象に従って歩まないで、霊に従って歩むべきなのです。

「それを取ってください」と言えば取ってもらえるのです。日常の何でもない言葉が、事がらになって現われているということが神の国だとしたら、心で人を愛して、親切丁寧にしてあげようと思うのと、憎んでいじわるをしようと思うのとでは、宇宙的に大影響があるのです。

人間の心が悪くなりますと、目に見える宇宙が悪くなるのです。人間は大変な位置に置かれているのです。だから、皆様一人ひとりが神の御霊を受けて聖霊に満たされて、皆様は神の国に生きているから、神の国を自覚して生きなければいけないのです。

また、人を憎んだり、人を叱ったり、嘘を言ったり、焼きもちをやいたりしている。このことによって自分の生活を地獄にしているということを、人々に言うべきです。この世に極楽を現わすも現わさないも、人間の心構え一つなのです。

人間の心は地球を造り変えることができるほどの力を持っているのです。今の地球はこれほど悪くなっていますから、地球を癒すことはできません。もう治る見込みがないほど決定的に悪くなっているのです。

新しい天地を来たらせるという方法はあるのです。文明を早く終わらせて、新しい天地を来たらしめるのです。そのために、私たちの行いを清くすべきなのです。

神の国を早く来たらせるために、私たちの心や行いを清くすべきなのです。

「空の鳥を見よ」というイエスの言葉を考えてみますと、普通の人が見ますと、鳥が飛んでいて餌を食べているとしか見えないのです。鳥が勝手に生きていると思えるのですが、イエスは、鳥は蒔かず、刈らず、倉に収めないのに、神は鳥を養っている。神が何年も生かしているのです。これを神の国と言っているのです。

人間の肉の思いで見ると現象しか見えないのですけれど、イエスは現象の奥にある霊的な事実を見ていたのです。神が鳥を養っているという事実を見ているのです。これが神の国です。神の国というのは何でもないことの中にあるのです。

例えば、奥さんが台所でジャガイモを切っている。適当な大きさに切って、牛肉、ニンジン、玉ネギ、糸こんにゃく、グリンピースを加えて、おいしそうな肉ジャガを作ったとします。これが神の国です。良い味付けをして食膳に並べるということが神の国です。

ジャガイモという神の創造物と、牛肉、玉ネギ、ニンジン、糸こんにゃく、グリンピースを加えて、人間の理性が働いて、大自然の産物と人間の力によって料理ができているのです。これが神の国です。

私たちはこういうことを毎日しているのです。それなのに、神が分からないということはどういうことなのかと言いたいのです。神を信じるとはこういう簡単なことです。

今ここに目が見えるとう現前が神の国です。この他に何もないのです。

私たちは毎日の営みを通して神を経験しているのです。人間の生活の営みというのは、宇宙の営みの縮図です。人間の営みだけではない、大自然の営み全体が、宇宙の縮図です。

例えば、川にはアユが泳いでいます。アユは一つの岩を守ってそれを縄張りにしているのです。そこで、アユがパトロールしているのです。アユが一つの岩の周りをパトロールしているということがアユの営みですが、これは宇宙の営みを小さくしたものです。

天地宇宙の営みが、こういう格好になって現われているのです。「野のユリを見よとか、空の鳥を見よ」とイエスが言っていますが、これが宇宙の営みなのです。宇宙の営みがこのような形で現われているのです。これが神の国ですから、これを見よと言っているのです。

私たちは現実に神の国、宇宙の営みを毎日、毎日経験しているのです。人間生活は宇宙の営みの一部としてあるのです。ところが、個人の生活がある、自分の生活があると考えるのです。自分の利害得失があると考えるのです。

自分の持ち物がある。自分の利益、自分の立場がある。自分の経験、自分の気持ちをやたらに考えるのです。そうして、宇宙の営みを否定しているのです。その結果、地獄へ行かなければならないようにしてしまっているのです。

神が空の鳥に餌を与えておられるように、人間にも必要なものを与えているのです。空の鳥を見て神が鳥を養っておられることが分かったら、自分にも食物が与えられるに決まっていることを信じたらいいのです。

だから、何を食べ、何を飲み、何を着ようかと思い煩う必要はないのです。鳥や魚を養っている神は、人間を養いたもうに決まっているのです。

ことに私たちは神の国と神の義を勉強していますから、必ず神が味方してくださると信じたらいいのです。単純に信じたらいいのです。

神の国と神の義を求めたら、理屈をいう必要はないのです。現に鳥や魚が神に養われているという事実があるのですから、聖書を学んでいる人間は死ぬはずがないのです。

ところが、人間はいつもびくびくして生きているのです。損はしないのか。病気になるのではないか。危ない目に会わないかと戦々恐々としているのです。年中おびえているのです。神を信じないからです。

空の鳥を見ないのです。戦々恐々としている空の鳥は一羽もいないのです。人間は理性を持っていながら、神の営みを見ようとしないのです。

人間に何のために理性が与えられているのか。大自然を見て、神の営み、神の国を弁えるために与えられているのです。

大自然の中の生き物が生かされているという状態を見ることが理性の役割ですが、これさえできれば神が味方になってくださるということが、分かるに決まっているのです。これを証明したのがイエスです。

イエスは父なる神に生かされていて、栄光を神に帰していたのです。生かされているということは、神に生かされているのだということを、単純に信じたのです。皆様もそのように信じたらいいのです。

あとがき

人間の魂は肉によって締め殺されています。肉というのは目に見える現象が実体であるという考え方です。この考え方によって魂は死んでいますから、本当のことが分かるはずがないのです。それなのに憎んだり、ひがんだり、焼きもちを妬いたりしている。ですから、本当の仕合わせを一度も経験したことがないのです。

神の福音は本当に、「目がまだ見ず、耳がまだ聞かず、人の心に思い浮かびもしなかったこと」なのです（コリント人への手紙2・9）。分かったと思うことがもう間違っているのです。人間は嘘の世界で生きていて、嘘で固められた根性を持っていますから、本当のことが分かるはずがないのです。

般若心経が色即是空と言うように、目に見える現象世界は実体ではありません。現象的な物体はすべて電気現象です。これは瞬間的な現象で実体ではないのです。

人間は自分がいると思い込んでいますが、自分が生まれたいと思って生まれたのではありませんから、生まれているのは自分ではないのです。もし自分が生まれたいと思って生まれたのなら、自分がいると思えるかもしれません。この場合でも、生まれた時代、国、性別、肌の色、身長、顔の形を自分で決めてはいませんから、今いるのは自分とは言えないのです。

生理機能も心理機能も、すべて自分でコントロールしている人はいません。心臓を自分で動かしている人はいませんから、生きているのは自分ではないのです。般若心経は五蘊皆空と言っていますが、自分がいる、自分が生きているという考えが、空だと言っているのです。

目に見える現象が実体であるという考えも、自分がいるという思いも嘘です。人間は嘘の世界に生きていて、嘘の根性を持っていますから、本当のことが分かるはずがないのです。

自分を投げ出してしまえば分かります。無条件で自分の命をはっきり投げ出してしまえば分かるのです。そうすると初めて神の国に入ることができて、本当の幸せが分かるのです。神の国に入らずにこの世に生きていて、つまらない夫婦生活をしていて、それが自分の生活だと思っている。これが大間違いです。

キリスト紀元とはどういうことかです。大新聞に二〇一五年と書いています。かっこをして平成二十七年としているのです。聖書を勉強している目的は、キリスト紀元を知ることです。それだけのことです。西暦とは何かということを知ることが目的です。

自分が生きているということが、心に印されている焼き印です。絶対に消すことができない印刻です。これは捨てる以外にない。肉の刻印とは関係がない魂を発見するしかないのです。生きているのは人間ではない。魂が生きているのです。

人が生きていることが救われているのです。西暦紀元に人が生きていることは、救われていることです。生きていることの他に救いはありません。生きていることを、どのように受け取っているかです。

生きていることの他に信じるべきものは何もありません。生きていれば命が分かるに決まっているのです。命が分かっていたら、救われているに決まっているのです。生きていながら命が分からないのは、全くのばか者と言わざるを得ないのです。

正直になる訓練をすればいいのです。そうすると御霊を崇めるのが簡単にできるのです。神の国に入るというのはどうしたらいいのか。正直な感覚で聖書を読む訓練をすれば、勝手に神の国に入れるのです。正直になるのが一番いいのです。

皆様の共通の欠点と言えるのは、キリスト紀元についての明確な認識がないことです。日本人は聖書的に言うと、非常に運が悪い民族です。皆様は生まれ姓が悪いのです。日本人は命の真意を心得ようとしません。人間の霊魂を真面目に考えないという、非常に運が悪い習慣があるのです。

霊魂のことを考えないで、生活のことだけを考えている。これが八百万の神を信じる社会の人間です。あの人がこう言った、この人がこう言ったと生活のことしか考えないのです。魂のことを全然考えない。日本の宗教は現世主義ばかりです。商売が繁盛するとか、家庭円満のことばかりを考えている。健康であるとか、生活が豊かになることばかりを考えている。

日本人は非常に現世主義です。アメリカ人、ヨーロッパ人でも現世主義ですが、霊魂のことを日本人よりも多く考えています。

日本のように文明国でありながら、こんなに霊魂のことを考えない国民は他にはないでしょう。

第一流の文明国でありながら、霊魂のことを考えない。日本人は一番愚劣な民族です。皆様が生まれた国、生まれた家庭はレベルが低いものだったのです。これがキリスト紀元がはっきり分からない原因でした。

新聞には二〇一五年と書いています。二〇一五年とはキリストが生まれてから二〇一五年も経ったということです。キリストが生まれたとはどういうことなのか。なぜキリスト紀元が設定されたのか。これを考えなければいけないのです。

日本人は非常に因縁の悪い国民です。霊魂のことを考えないのです。真面目に神や仏のことを考えようとしないのです。現世のご利益ばかり考えている。そういう宗教が幅を利かせている国です。

日本という悪い国に皆様は生まれてきました。このことをまずはっきり認めるのです。自分が生まれた国は悪い国だった。育った家庭はそういう悪い家庭であった。悪いというのは霊的に非常に悪いという意味です。

日曜日に何のために仕事を休むのか分からない。そういう悪い教育をしているので、どんどん悪くなるのです。人権ということを極端に主張した結果、子供たちが自分勝手なことをするようになってしまったのです。

人権を主張してもいいのです。権利を主張するなら、当然義務、責任を考えなければならないのです。義務、責任を考えないで権利だけを主張するから、子供が悪くなるのです。

そういう教育方針が間違っている国、社会常識が間違っている国、霊魂のことを考えないで、生活のことだけを考えるやくざな国に、皆様は生まれたのです。こういうことをはっきり考えて、へりくだるのです。神の前に、私たちの生まれ姓が悪かったことを、言い現わすのです。皆様の心臓が今動いているということだけで救われているのです。だから一切心配する必要がないのです。

人が他人を批判する時は、非常に正確に批判します。人を裁く時は神の位に立って裁くのです。神の場に立って裁くからです。

イエスが人を裁くなと言っているのは、神の場に立つなと言っているのです。その裁きによって、おまえが裁かれると言うのです。神の裁きを人間がするからいけないのです。

皆様の心臓が動いていることの意味さえ分かれば、救われる。目が見えていることの意味さえ分かれば、完全に救われるのです。

今皆様が人を裁いたり、失望落胆したり、悲しんだり、苦しんだり、悩んだりしているのは、皆様が嘘の世界に生きているからです。この状態で死んだらどうなるのでしょうか。

イエスは汝の敵と和解せよと言っています。和解するとは、同意する、賛成するという意味です。自分自身に敵意を持つ者に同意せよと言うのです。

結婚した夫婦はお互いに敵意を持っています。皆様は結婚したことにより、夫によりひん曲げられてしまい、妻も夫をひん曲げたのです。両方共悪くなっているのです。

結婚は本当に悪いものです。男も女も悪くなるのです。だからパウロは結婚に反対したのです。又、結婚している人でも信仰を全うするために、相手が反対していれば別れることもやむを得ないと言っているのです。

だいたい夫婦が悪いのです。日本人の夫婦は神もキリストも大嫌いです。妻の信仰が悪いのは夫のせいです。夫が悪いのは妻が悪いのです。

生活のことよりも霊魂のことを第一に考えるのです。私たちは生活するために生まれてきたのではありません。霊魂を全うするために生まれてきたのです。キリスト紀元とは何かを勉強するために生まれてきたのです。これが分かったら勝手に救われるのです。

キリスト紀元に生きている人間は、すべて神の前に救われているのです。現に救われているのです。

キリスト紀元を正確に自覚すれば、勝手に救われるのです。神の国に入れます。キリスト紀元は神の国が来ている時ですから、こんな結構な時代に生まれていながら、その意味が分からない人間は、何と愚かな者かと言いたいのです。

皆様は自分の良心に従わないという悪い癖があるのです。それは夫婦生活のためです。良心は皆様の信仰が不満足である、不十分であることを知っていますから、それを咎めているのです。

皆様の良心は皆様の中にある神の掟です。良心は神の掟を代用しているのです。皆様は自分の良心に対して、これではいけないと思うでしょう。そう思っても同意していない。これがいけないのです。

良心に同意するのです。皆様の良心は皆様の敵です。良心は霊（神からの働き）です。皆様の思いは肉（人間の考え方）です。霊なる良心が肉の思いをつつくのです。この敵に同意しなさいと言っているのです。

皆様の生まれ姓が悪いのですから、生まれ姓に関係がない人間になったらいいのです。生まれた家庭とか生まれた国、生まれた民族に関係がない人間になったらいいのです。そうすると神の国に入れるのです。

学校で習わなかったと言っても、言い訳になりません。聖書を読んだらキリスト紀元くらいは分かるのです。再臨も分かるのです。皆分かるはずです。分からなかったら御霊に聞いたらいいのです。

生活のことは考える。色々と人の悪口は言うけれど、自分の悪口を一切言わないのです。自分の悪口をせいぜい言うのです。そうするといいのです。教えてもらわないから自分は知らないという、卑怯な言い訳を一切言ってはならないのです。

神が言葉によって万物を造りました。被造物の頭になるのが人間です。人間は自分自身の存在をじっと内観すれば、万物のあり方がはっきり受得できるようになっているのです。

人間は自ら自分の存在を検討する能力を持っているのです。犬や猫はそれができません。人間は自分自身を検討すれば、植物や動物を育てる知恵が分かるのです。万物の頭だからです。人間の頭はイエス・キリストです。イエスは、私は父にいると言いました。私は父にいるという信仰で生きていましたので、人間全体の頭になったのです。

我父にありという以上の悟りはありません。我父にありという信仰をイエスが持ったので、キリストになったのです。アブラハムはここまでいかなかったのです。

イエスは自分は万物の代表である、万人の代表であるという信仰を持っていた。私の父、即ちあなた方の父と言っています。

聖書に、キリストが肉にて殺されたとあります。イエスは信仰によって全世界の人間の代表者であると考えていたので、その考えを持ったままで十字架につけられた。そこですべての人間の肉（人間の思い）が、全部否定された。肉なる人間は全部死んでしまったのです。

イエスがそう信じたからそうなったのです。自分は万人の代表であるとイエスは考えたので、そのとおりになったのです。

イエス・キリストの信仰は、神の信仰をそのまま代理していたのであって、イエスが信じたことは、神が信じたことと同じ値打ちを持っていたのです。

我父にありという状態で信じたことは、父の信仰を代理しているのです。そこでイエスが肉にて殺されたことは、すべての人間が肉にて殺されたことになるのです。

皆様がそれを信じても信じなくても、神がそれを信じているのです。地球を自転公転させている神が、すべての人間の肉は消えたと決めてしまったのです。ですから皆様は存在していないのです。肉的な皆様は生きていないのです。

宗教は人間の側から神を見るのです。真理は神の側から人を見るのです。反対になるのです。飲むとか食べるということは、人間の方から考えると軽いことになります。ところが何かを食べようと考えても、神が与えなければ食べられません。

神の方から考えますと、人間に何を食べさせるかということは、非常に重大なことなのです。神は自分がなすべきことを知っているのです。人間の方は神の心を全く知らないのです。

何を飲み何を食べるかということは、人間の方から考えると軽いことですが、これが間違っているのです。仮に石をパンにするほどの力があっても、一番上等な人間かというと、そうではない。石をパンに変えることができたとしても、神の口から出る言葉が、人間の命だということが分からなければだめです。これが神の義です。神の義が分かっていれば、何もできなくてもいいのです。

神の口から出る言葉が、自分の命だということが分かっていれば、その人は神の義が分かっているのです。何もできなくてもいいのです。物が言えなくても、目が見えなくても、耳が聞こえなくてもいい。神の口から出る言葉が、私の命だということが分かっている人は、永遠の命に生きているのです。

何ができてもだめです。どんなに大きな業績を残しても、神の口から出る言葉が自分の命だということが分かっていない人は、死んでいるのです。

皆様に何を食べさせ、何を飲ませようと神が毎日心配しているのです。

命のことを思い煩うなとイエスは言っています。命のことを心配するのは神の方なのです。それは神の仕事ではないかと怒っているのです。

我父にあり、これだけでいいのです。我父にありという信仰があれば、死んだ者が生き返るのです。ましてや食べさせるのは神の方で心得ているのです。

神が人間を養わなければならない責任があるのです。人間は神の国と神の義を求めなければならない責任があるのです。

異邦人は本当は神のことを心配しているのです。生活のことを心配するというのは、神のことを心配することになるのです。このことを全く自覚していないのが異邦人です。自分がしなければならない責任を、全然知らないのです。

神の国と神の義を求めるのは人間の責任です。この責任を果たす者だけが、人権を主張できるのです。救われる権利があると言えるのです。

人間の責任、義務はどこにあるのか。働くことでも家族を養うことでもない。神の国と神の義を求めることなのです。この義務を果たせば、神は必ず人間を救います。救わなければならないのです。養わなければならないのです。

神の国を求めていない人間でも、神は養わなければならないと考えている。神は誠実なお方です。金のかの字だけを考えて、神のかの字も考えない者でも、神は養っているのです。

生んだ以上は、生かさなければならない責任が、神の方にあるからです。

人間は神の責任と自分の責任とを取り違えているのです。これが異邦人のバカさかげんです。生かされている自分のことは考えてもいいけれど、この世に生きている自分のことを、良かれ悪しかれ一切考えてはいけないと言うのです。地上にあることを思うな、天にあることを思えと言っているのです。

人間は神の国と神の義を求めなければならない責任があるのです。万物は神の国と神の義を求めることができません。人間は万物に代わって、神の国と神の義を求めなければならない責任があるのです。神の国が来れば、犬や猫、草木も皆救われるのです。万物が皆救われるのです。

地球の土が呪われているので、万物は苦しんでいるのです。万物の悩みがあるのです。キリスト王国が現われると、万物の悩みがなくなるのです。

やがて気候、天候の条件ががらっと変わってしまいます。病気や疫病、天災もなくなるのです。風邪をひかなくなるだけでも有難いのです。

現在の地球に病気や災害が絶えないのは、気候、天候が呪われているからです。土が呪われているために、気候、天候まで呪われているのです。

地上のことを思わずに、第三天のことを考えるのです。よく分からなくても、第三天のことを考えるだけでも健康になるのです。

第三天の神の右にキリストが座しています。第三天のキリストを考えるのです。これが永遠の夫です。永遠の男性です。人間全体は永遠の女性です。永遠の夫が永遠の女性を愛す。これが本当の恋愛です。

神が皆様を生んだ以上絶対に責任を持ちます。肉体の命はもちろんのこと、霊魂のこと、永遠の問題まで神が全部処置をしてくれるのです。処置してしまっている。皆様を救ってしまっているのです。とこしえの命を与えてしまっている。それを皆様は受け取ろうとしないのです。現世の夫のことばかりを考えているからです。

第三の天にイエスがいて、その命が今私たちに働いていると考えるのです。そう考えるだけで生活の内容も、健康状態も全部変わってしまいます。これを実験したらいいのです。

神が人間を造ったのは愛の対象として、永遠の命、永遠の栄光を与えようとして造ったのです。

永遠の栄光を人間に与えるためには、神の国と神の義を求めなければならない。神の国と神の義を求めさせなければならない。神の国と神の義を求めることが、人間を造った目的です。そこで生活の方は全部引き受けているのです。だから神の国と神の義を求めよと言っているのです。

ところが日本人は、生活の方を一生懸命にしなければならないと考えている。神の国と神の義は、放っておけと言うのです。放っておいてすむことではないのです。

命のために思い煩うなとイエスは言っています。命の心配をするのは神の責任です。神の国を求めるのです。

キリスト紀元では、自分のことは一切心配しなくてもいいという時代です。神のことを心配したらいいのです。これがキリスト紀元に生活する人間の基本原理です。

キリスト紀元では、神の国が来てしまっているのです。神の国が来てしまっているから、自分のことを考えなくてもいいのです。

キリスト紀元が来てしまっているのに、なぜ救われなければならないと考えるのでしょうか。救われてしまっているのです。

キリスト紀元が来てしまっているのに、ユダヤ人が臍を曲げているので、キリスト王国がまだ現われていないのです。これがけしからんのです。このことを心配したらいいのです。

神の国と神の義を求めるのは、ユダヤ人がすべきことです。ところがユダヤ人がそれをしていない。そこで私たちがユダヤ人に代わって神の国を求めているのです。

キリスト紀元になって、地球は既に神の国となっているのです。私たちは神の国に生きているという信仰によって、イスラエルに伝道するのです。そうすると、神の国を求めながらイスラエルに伝道していることになるのです。

イスラエル伝道は一番必要なことです。汝らまず神の国と神の義を求めよとあります。第一にこれをしなさいと言っているのです。

これが第一にしなければならないことです。これをすると、何を飲むか何を食べるかということは、全く問題にならなくなるのです。私たちはもう救われているからです。

生きている命を神に渡したらいいのです。これが霊を渡すということです。自分の人生を神に渡すのです。何も心配しなくてもいい。神が心配してくれるからです。

その時その時に必要なものは、神が与えてくれるのです。神はその人が必要なものを知っている。必要でないものは与えません。

キリスト紀元では、与えられるべきものは、既に全部与えられているのです。神に養われているのです。だから安心して神の国と神の義を求めたらいいのです。

本書の姉妹編「人類史上初めて明かされた彼岸に入る方法」（全七巻予定）も刊行中です。合わせてお読み頂ければ幸甚です。

梶原和義（かじわら　かずよし）

●名古屋市に生まれる。
●長年、般若心経と聖書の研究に没頭する。
●十三年間、都市銀行に勤務後、退職して事業を始める。
●現代文明の根源を探るため、ユダヤ人問題を研究する。
●「永遠の命」についての講話活動を各地で行っている。
●東京と関西で、随時勉強会を開催している。
●聖書研究会主幹の故村岡太三郎先生に師事し、般若心経と聖書の根本思想について、多くの事を学ぶ。また、村岡太三郎先生と共に「般若心経と聖書」というテーマで、全国での講演活動に参加した。
・毎年、七月から九月の間に、六甲山と軽井沢で開催された聖書研究会主催の夏期セミナーに講師として参加し、世界の文明・文化・政治・経済・宗教について指導した。
・毎年、大阪で聖書研究会により開催されている定例研究会に講師として参加。文明の間違い、宗教の間違いについて、十年以上にわたり指導した。
・聖書研究会神戸地区の地区指導員として、十五年にわたって監督、指導した。
・大阪の出版社（株）ＪＤＣの主催による講話会で、「永遠の生命を得るために」「般若心経と聖書」等について連続講義をした。

・日本フィットネスヨーガ協会にて、毎月セミナーを開催している。

・川崎市の川崎マリエンにて、毎週日曜日に勉強会を開催している。

・毎週土曜日の朝、全国読者に向けてスカイプにて講話活動を行っている。

●一九九五年、一九九七年、世界一周をして、政治・経済・文化・人々の生活について広く見聞した。

・一九九五年七月二十六日エリトリアのイザイアス・アフェワルキー（Isaias Afeworki）大統領に面会し、エリトリアと日本の関係、エリトリア、アフリカの将来について話し合った。

・一九九七年二月十八日から二十八日の間に、イスラエルシャローム党創設者ウリ・アブネリ（Uri Avnery）氏と頻繁に会い、イスラエルの現状・ＰＬＯとの関係、イスラエルと日本との関係、ユダヤ教とメシア、イスラエルと世界の将来、人類の将来と世界平和等についてつっこんだ話合いをした。

・一九九五年六月二十七日より十月十七日迄、世界一周のためにウクライナ船「カレリア号」に乗船。船内で開催された洋上大学に講師として参加し、「東洋文明と西洋文明の融合」「永遠の生命とは何か」「永遠の生命を得るために」等について講演した。

・一九九七年十二月十九日から一九九八年三月二十一日迄、世界一周のためにインドネシア船「アワニ・ドリーム号」に乗船。船内の乗客に「般若心経と聖書」というテーマで、三十三回の連続講義をした。この内容は拙著「ふたつの地球をめざして」に掲載している。

● 日本ペンクラブ会員。

● 日本文藝家協会会員。

著書

「永遠の生命」「永遠のいのち」

「超恋愛論」「超健康論」「超自由論」「超平和論」「超幸福論」「超希望論」「超未来論」

「ユダヤ人が悔い改めれば世界に驚くべき平和が訪れる」

「ユダヤ人が立ち直れば世界に完全平和が実現する」

「ユダヤ人の動向は人類の運命を左右する」

「ユダヤ人問題は文明の中心テーマ」

「ユダヤ人を中心にして世界は動いている」

「ユダヤ人問題は歴史の中の最大の秘密」

「ユダヤ人問題は地球の運命を左右する」

「イスラエルの回復は人類の悲願」

「ユダヤ人の盛衰興亡は人類の運命を左右する」

「ユダヤ人が回復すれば世界に完全平和が実現する」

「ユダヤ人問題は人間歴史最大のテーマ」
「ユダヤ人の回復は地球完成の必須条件」
「イスラエルが回復すれば世界は見事に立ち直る」
「ユダヤ人が悔い改めれば世界は一変する」
「とこしえの命を得るために　①」
「とこしえの命を得るために　②」
「とこしえの命を得るために　③」
「とこしえの命を得るために　④」
「とこしえの命を得るために　⑤」
「やがて地球は完成する」
「千年間の絶対平和」
「究極の人間の品格」
「究極の人間の品格　②」
「究極の人間の品格　③」
「般若心経と聖書の不思議な関係　①」
「般若心経と聖書の不思議な関係　②」
「般若心経と聖書の不思議な関係　③」

「ユダヤ人と人類に与えられた永遠の生命 1」
「ユダヤ人と人類に与えられた永遠の生命 2」
「ユダヤ人と人類に与えられた永遠の生命 3」
「ユダヤ人と人類に与えられた永遠の生命 4」
「ユダヤ人と人類に与えられた永遠の生命 5」
「ユダヤ人と人類に与えられた永遠の生命 6」
「ユダヤ人と人類に与えられた永遠の生命 7」
「ユダヤ人と人類に与えられた永遠の生命 8」
「死んでたまるか」
「死ぬのは真っ平ごめん」
「人類は死に完全勝利した」
「死は真っ赤な嘘」
「死ぬのは絶対お断り 上」
「死ぬのは絶対お断り 下」
「世界でたった一つの宝もの 上巻」
「世界でたった一つの宝もの 中巻」
「世界でたった一つの宝もの 下巻」

「人類史上初めて明かされた神の国に入る方法　Ⅰ」
「人類史上初めて明かされた神の国に入る方法　Ⅱ」
「人類史上初めて明かされた彼岸に入る方法　１」
「人類史上初めて明かされた彼岸に入る方法　２」（ＪＤＣ）
「永遠の生命を得るために」第一巻〜第四巻（近代文藝社）
「ふたつの地球をめざして」「ノアの方舟世界を巡る」（第三書館）
「ユダヤ人が立ち直れば世界が見事に立ち直る」
「ユダヤ人が方向転換すれば世界全体が方向転換する」
「人類の救いも滅びもユダヤ人からくる」
「ユダヤ人に与えられた永遠の生命」（文芸社）

インターネットのみで販売している「マイブックル」での著書
「世界に完全平和を実現するために」（第一巻）（第二巻）
「ユダヤ人問題について考察する」第一巻〜第五巻
「ユダヤ人が悔い改めれば地球に驚くべき平和が実現する」第一巻〜第五巻
「ユダヤ人が悔い改めれば地球に完全平和が訪れる」第一巻〜第五巻
「ユダヤ人問題とは何か」第一巻〜第五巻

「真の世界平和実現のための私の提言」第一巻〜第五巻
「人類と地球の未来を展望する」第一巻〜第七巻
「人類へのメッセージ」第一巻〜第八巻
「般若心経と聖書の不思議な関係」
「永遠の生命について考察する」第一巻〜第十一巻
「誰でも分かる永遠の生命」第一巻〜第五巻
「ユダヤ人が悔い改めれば千年間の世界平和が必ず実現する」

現住所　〒673-0541　兵庫県三木市志染町広野6-169-4
TEL　090（3940）5426　FAX　0794（87）1960
E-mail : akenomyojo@k.vodafone.ne.jp
http://www15.ocn.ne.jp/~kajiwara/
http://www12.ocn.ne.jp/~kajiwara/
http://twitter.com/kajiwara1941
blog : http://www.geocities.jp/kajiwara11641/
YOUTUBE : http://www.youtube.com/user/kajiwara1941

人類史上初めて明かされた
神の国に入る方法Ⅲ

発行日
2015年1月31日

著　者
梶原和義

発行者
久保岡宣子

発行所
JDC出版
〒552-0001　大阪市港区波除6-5-18
TEL.06-6581-2811(代)　FAX.06-6581-2670
E-mail：book@sekitansouko.com
H.P：http://www.sekitansouko.com
郵便振替　00940-8-28280
印刷製本
前田印刷株式会社